Muschel

Das Buch

Das Leben ist nicht immer nett zu jungen Männern, schon gar nicht, wenn man wie Autor Moses W. im Ruhrgebiet aufwächst. Doch dann wird ihm unvermittelt Trost zuteil, denn *God gave Rock'n'Roll to him*, und mit einemmal ist er Anhänger einer wunderbaren Religion, die sich Heavy-Metal nennt und mit ganz neuen Göttern aufzutrumpfen weiß, allen voran vier auf Plateaustiefeln herumstelzende Hardrock-Recken namens KISS. Doch mit Eintritt in die Welt des harten Rocks entstehen neue Probleme. Das größte davon: Die erste eigene Gitarre muß her.

Moses W.

Das rockt!

Bekenntnisse eines Heavy-Metal-Fans

Muschel

Mit Dank an

KI♯♯

»Rock 'n' Roll all night,
Party every day!«

und meine Eltern

»Bis elf bist du zu Hause,
Freundchen!«

Erweiterte Auflage April 2010
© Muschel Verlag, Köln
Alle Rechte vorbehalten
Umschlagbild: Jamiri
Gestaltung: Mathias Lück
Satz: Samuraikatze
Lektorat der Erstausgabe: Matthias Breusch
Herstellung: Steinmeier GmbH, Deiningen
Printed in Germany

ISBN 978-3-936819-41-0

Alright, let's pray:
GOD of ROCK, thank YOU
For this chance to kick ass.
We are your humble servants.
Please, give us the power
to blow people's minds
with our high-voltage ROCK.
In your name we pray.
Amen

Jack Black,
»School of Rock«

»Heavy-Metal hilft letztlich bei allem.
Es ist die ultimative Medizin.
Sei es beim Staubsaugen, Spülen, Protestieren,
Rebellieren oder Kloputzen – alles.
Ja, gut, gegen Krebs hilft's noch nicht,
aber das kommt sicher auch noch bald.«

Michi Siegl,
»Heavy-Metal auf dem Lande«

Inhalt

Vorprogramm 9

Born in the Ruhrgebiet 11

Meine erste Erektion 16

Grünes Licht für Afro-Bob 22

Was bin ich für eine Luftgitarre?

Let us see your Flying V 30

Hose aus, Beine ab 35

Kakao ist nicht alles 41

Zimmerlautstärke 43

Schnitzel mit Sonderurlaub 46

Monsters of Rock 49

Selbstgebrannter Stoff 59

Kuscheln ist kein Metal! 65

Verkniffen und verklemmt 67

Soldiers under command. 69

The final countdown 75

Das Ei des Scott Columbus 82

Reite den Blitz! 88

Ein weiterer Gottesbeweis 96

Goldmine Ruhrpott 98

Hansruedi und Gottfried 103

Kreuzworträtsel brutal 107
Grunzen wie in der Steinzeit 111
Zur Hölle mit dem Teufel 116
Kleine Pause 120
Die schmutzigen 15 121
Andere sammeln Kugelschreiber 127
Panzerquartett 129
Chicken wings of steel 131
Tupperparty in Hollywood 135
Zwitschervogel mit Blackout 138
Trockeneis & scharfe Luder 143
Vorne Rostock, hinten Woodstock 146
And the poodle will rock 150
Opa wurde nie nass 154
Große Pause 157
Haue mit dem Kochlöffel 160
Knochenarbeit im ewigen Eis 163
Lemmy und die Schmöker 169
Comeback auf dem Flugzeugträger 173
Groupies, bis die Nudel glüht 179
Thank you for the music 184
Das letzte Wort 190
Über den Autor 195

Vorwort zur erweiterten Neuauflage

Jawoll, da isse nu! Nachdem ich wegen des Dahinschwindens meines Erstlingsverlages dieses Buch schon fast im Treibsand der Zeit habe versinken sehen, ist es nun unter neuer Flagge doch noch in die nächste Runde gegangen. Und womit? Mit Recht, denn es ist ein sehr gutes Buch.

Ich habe natürlich tüchtig im Manuskript rumgeschraubt und Recherche-Ungenauigkeiten wie zum Beispiel im Kapitel über das Monsters-of-Rock-Festivals 1983 ausgebessert. An dieser Stelle ein fettes Lob an alle Schlaumeier, die mich zu verbessern wußten. Dank dafür!

Vorprogramm

Im Sommer 2006 gewann eine Heavy-Metal-Band erstmalig in der Geschichte des »Eurovision Song Contest« (formerly known as »Grand Prix d'Eurovision de la Chanson«) diesen internationalen Musikwettbewerb.

Lordi, deren Wurzeln im Schock-Rock der 70er Jahre von Kiss und Alice Cooper liegen, predigten der Welt ihr »Hard Rock Halleluja« und trugen den Sieg davon. Der Song wurde zwar anschließend nie wieder im öffentlich-rechtlichen Fernsehen ausgestrahlt, aber zumindest konnte man sich »Hard Rock Halleluja« als Klingelton runterladen. Besser als nix, obwohl mir persönlich Spielpüppchen zum Sammeln lieber gewesen wären. Aber so ist der Metal: Er nutzt die Marktnischen, wo sie sich ihm bieten.

Der Metal ist da, er lebt, er bebt. Wer also demnächst die quartalsmäßig auflodernde Frage stellt: »Ist der Metal tot?«, der bekommt mal schön eins rechts und links auf die Brotluke, dahin, wo es weh tut, und zwar mit der groben Kelle, denn: Der Metal LEBT. Aber das sagte ich bereits.

In dem vorliegenden Buch geht es um harten Rock, also um Hardrock. Hardrock (oder Heavy-Rock oder Heavy-Metal oder Hard'n'Heavy oder Hau-drauf-und-gut-is) ist Musik, gemacht von Männern für Männer – vorrangig, aber Frauen sind immer gern gesehen, außer vielleicht beim Wettrülpsen und Stehpinkeln. Frauen haben im Metal ihre eigenen sportlichen Disziplinen, zum Beispiel Bierdosen zwischen den Brüsten zerquetschen oder Walnüsse mit dem Arsch knacken. Das rockt.

Den Buchtitel »Das rockt!« wählte ich sehr bewußt. Wie leichtherzig nimmt man heute die Worte »Das rockt!« in den Mund, wenn man mich davon überzeugen will, daß irgendwo die Schwarte kracht. »Viva – das rockt.« Das sehe ich anders. Ich glaube, daß viele Menschen, die sagen »Das rockt!«, gar keine Ahnung haben, wovon sie da eigentlich reden. Die meinen das noch nicht einmal böse, die wissen es einfach nicht besser. Hier gibt es ganz offensichtlich Aufklärungsbedarf.

Und ich? Habe *ich* Ahnung vom Rocken? Gute Frage. Ich meine schon, aber wir werden mal sehen. Ich habe auf jeden Fall Erinnerungen, die rocken. Erinnerungen, die mir keiner nehmen kann. Erinnerungen, die nie zuvor schriftlich festgehalten wurden. Bis heute.

Ich habe jedes Kapitel dieses Buches mit einem musikalischen und kulinarischen Genußtip versehen. Ich denke, daß authentische Musik, Speisen und Getränke den *Spirit* des jeweiligen Kapitels unterstreichen können.

Ich möchte an dieser Stelle noch auf eine grammatikalische Besonderheit hinweisen: Beim Schreiben habe ich mich nach Leibeskräften bemüht, die diversen Rechtschreibreformen der letzten Jahre nach bestem Wissen und Gewissen zu ignorieren.

Das tat ich aus zwei Gründen: Zum einen gehen mir diese Rechtscheißreformen komplett gegen den Strich, zum anderen bin ich ein großer Fan des sogenannten scharfen »S«, und gerade das »ß« (oder auch »Ess-zett«; so hießen früher auch die Schokoschnitten für aufs Brot. Lecker!) wurde durch viele Regeln der genannten Reformen wegrationalisiert.

Der folgende Text ist sozusagen eine Art Schutzraum, ein Refugium für die letzten noch in Freiheit lebenden Esszette.

Mein Schreibprogramm hat leider eine sehr eifrige Korrekturfunktion. Es kann also vorkommen, daß das eine oder andere »ß« als »ss« erscheint. Wenn ihr so was seht: einfach einen Stift nehmen und korrigieren. Und wenn es euch zu wenig Esszette sind, schreibt einfach noch ein paar dazu. Ist ganz in meinem Sinne. Rettet das »ß«!

Up the irony!
Moses W.

Born in the Ruhrgebiet

Meine musikalische Früherziehung begann Ende der 70er Jahre des letzten Jahrhunderts. Ich wuchs auf im Isingerfeld, benannt nach dem Gut des Bauern Ising, auf dessen brachliegenden Feldern eine Hochhaussiedlung hochgezogen wurde. Es lief zuletzt wohl nicht mehr so gut mit dem Mais. Das Isingerfeld ist eine Stadtrandsiedlung in Essen-Kray, einem Stadtteil von Essen-die-Einkaufsstadt.

»Essen, die Einkaufsstadt« – so steht es in großen Lettern am Handelshof gegenüber dem Essener Hauptbahnhof. Alle Zugreisenden werden mit der Botschaft »Herzlich willkommen in Essen-die-Einkaufsstadt!« begrüßt. »Hier und nur hier sollst du verweilen und dein Geld lassen, denn nur hier kauft man ein!« Peinlich, ne?

Woher Essen diesen Titel hat, weiß ich nicht genau. Ich habe mal gehört, daß Essen die erste Großstadt war, die während der Nachkriegsrestaurationen eine Innenstadt mit Fußgängerzone bekommen hat. Hip, hip, hurra! Häßlich isse trotzdem. Bei manchem will man gar nicht Erster sein.

In Essen ist im zweiten Weltkrieg tüchtig was zerbombt worden, denn hier standen die Krupp-Werke, die Waffenschmiede der Nation, und das war ein guter Grund. Das haben sie nun davon. Bäng boom bäng!

Städte wie Hamburg, Nürnberg oder München blieben von der Zerbombung ein bißchen verschont. Deshalb kann man sich dort noch heute an geschmackvollen Altbauten erfreuen, über schöne Alleen flanieren und für Spaß mal mitzählen, von wie vielen Nazibauwerken nach '45 die Hakenkreuze abgemeißelt wurden.

Obwohl, es ging nicht alles zu Bruch in Essen. Den einen oder anderen stilsicher entworfenen Altbau haben wir noch zu bieten, zum Beispiel die alte Villa der Krupps. Bonzenschweine!

Ansonsten erfreut man sich in Essen an unschönen Neubauten. Und damit man von den schäbigen Fassaden so wenig wie möglich sieht, geht man möglichst oft in die Geschäfte mit den schönen Auslagen rein, um was zu kaufen.

In Essen-Kray, angrenzend an Gelsenkirchen (was auch nicht gerade ein Adelstitel ist), wohnten Familien von Beamten und Angestellten der Bundesbahn und der Deutschen Post. Man war pünktlich, anständig und gut erzogen. Fragte man einen Krayer Beamten nach der Uhrzeit, bekam man stets auch die Sekunden genannt. Fragte man nach dem Familienstand, bekam man als Antwort: »Verheiratet, zwei Kinder. Ein Junge, ein Mädchen.«

Der Geist des Katholischen hing über der Siedlung. Die Frauen der Gemeinde trafen sich in der Frauengruppe, die Männer gingen nach der Sonntagsmesse zum Frühschoppen bei Kolping. Die Jungen hatten die Wahl zwischen Pfadfinder und Meßdiener. Die Mädchen hatten keine Wahl, die blieben zu Hause und machten »Malen nach Zahlen«. Das Gemeindeleben war sozusagen intakt. Außer in Kray-Nord, am Bahnhof, da ließ das etwas nach.

Atze Schröder behauptet immer, er käme aus Essen-Kray, aber das kann gar nicht sein. Atze Schröder flunkert; solche Typen gibt es hier gar nicht. Aber Atze ist ja auch nur eine Kunstfigur, so wie Batman oder die Grüne Laterne oder der Braune Bär.

Eigentlich bin ich kein großer Fan von Generationsbeweihräucherungsbüchern, in denen gnadenlos aufgelistet wird, was es damals, und nur damals, alles Tolles gab und wie besonders das war, und wo ist sie hin, die schöne Zeit.

Aber wenn man selbst erst mal damit anfängt, Kindheitserinnerungen aufzulisten, merkt man schnell: Das macht tierischen Spaß!

*Mein erster Pressetermin – Eröffnung des Kindergartens.
Vorne rechts: ich mit Astronautenmütze*

Frage: Wer erinnert sich noch an Plantschi, das Kindershampoo mit Spielzeug in der Flasche? Und wie ging das Lied?

»Plantschi ist prima,
Plantschi ist 'ne Wucht,
mit Plantschi macht das Baden Spaß.
In der tollen Flasche ist ein prima Duft.
Plantschi! Plantschi!
Kinder, Mutti und Papa –
Plantschi ist für alle da!«

Weiter geht's im Retro-Quiz: Wie hieß der Zauberer beim Räuber Hotzenplotz? Antwort: Petrosilius Zwackelmann.

Übrigens, Räuber Hotzenplotz war über Jahre – konkret gesprochen über zwei Jahre – mein liebstes Karnevalskostüm. Ich hatte allerdings nur zwei statt zwölf Messern, und die waren auch noch aus Gummi. Und mein Bart war angemalt. Ich kam nicht ansatzweise an die Optik von Gert Fröbe in dem spitzen Hotzenplotz-Film heran. Es war erbärmlich. Aber wir hatten ja nichts, wir Sechsjährigen der Siebziger, nicht mal einen eigenen Bart.

Weiter im Retro-Quiz: Wie hieß der Begleiter von Karl Mays Figur Kara ben Nemsi? Antwort: Hadschi Halef Omar.

Moment, da fehlt noch was. Komm, komm, den kompletten Namen will ich hören!

Also: Hadschi Halef Omar ben Hadschi Abul Abbas Ibn Hadschi Dawuhd al Algossarah. Das habe ich AUSWENDIG aufgeschrieben, großes Indianer-Ehrenwort, nicht abgekuckt, nicht gespickt, AUSWENDIG!

Damals, in den *good old seventies*, war vieles anders, auch die Sprache. Verbrechernamen wurden in den Nachrichten nicht redaktionell geändert, wie heutzutage üblich, sondern abgekürzt. Da hieß es dann zum Beispiel: »Martin S. aus M. wurde mit Ute G. aus V. in M. beim S. erwischt.«

Wir Kinder fanden das lustig und haben das übernommen. So wurde aus Moses Wieczorek aus Essen »Moses W. aus E.«.

Man sagte damals nicht: »Das rockt!«. Wenn etwas oder jemand gut ankam, dann sagten wir, das ist »astrein« oder »astzart«. Die Steigerung war »astschocke«. Später kam »geil« dazu. Daraus machte manch einer »geilomat«. Auch nicht schlecht, oder?

Meine erste Fahrstunde

Damals gab es Rabattmarken und Prilblumen für Mutti, den Märklin-Baukasten, die Carrera-Bahn für die Jungen (und die Väter) und den autofreien Sonntag für alle. Für die Mädchen gab es den Hullahupp-Reifen und Filippchen (Glanzbilder) zum Sammeln.

Das amtliche Nachschlagewerk für alle Fragen dieser Welt waren die »Was-ist-was?«-Bücher. Ich hatte alle zum Thema Dinosaurier und Urzeit. Ich war Fachmann, du konntest mich alles fragen.

Von Wicküler Pilsener (»Männer wie wir, Wicküler Bier«) gab es einen Gratis-Papier-Bastelbogen für ein Luftschiffmodell, im Deckel von Nutella gab es Asterix-Zeichenschablonen zum Sammeln, und im Schreibwarenladen gab es die Musikzeitschrift *Bravo*.

Andere Musikzeitschriften gab es noch nicht, höchstens den amerikanischen *Rolling Stone,* als Import am Kiosk im Hauptbahnhof. Aber ich konnte noch kein Englisch, und der Bahnhof war weit weg, also blieb nur die *Bravo*.

Die *Bravo* hatte Fotos, Poster und Sticker zum Sammeln und Tauschen. Und die Foto-Lovestory und den Starschnitt. Der wurde allerdings vor einiger Zeit eingestellt, den gibt es nicht mehr. Dafür gibt es heute Nacktfotos in der *Bravo*. Das hatten wir damals nicht.

Ich hatte den *Bravo*-Starschnitt von James Dean. Daß der schwul war, wußte ich damals noch nicht. Auch von den Schwulitäten von Judas-Priest-Sänger Rob Halford und Queen-Mum Freddie Mercury wußten wir damals alle noch nichts. Genau genommen wußten wir nicht einmal, was Schwulsein eigentlich bedeutet.

Ich habe mit meinem besten Freund Thomas H., einem gleichaltrigen Jungen von gegenüber, Big-Jim-Puppen (Actionpuppen für Jungen) verkleidet und damit die Village People nachgespielt. Wir wußten definitiv nicht, was Schwulsein ist, aber wir hatten viel Spaß daran!

Meine erste Erektion

Die allerersten Musikerlebnisse, die sich in mein Langzeitgedächtnis eingebrannt haben, war die Musik meiner Eltern. Genauer gesagt: die meines Vaters. Der hatte eine eigene kleine Plattensammlung. Meine Mutter hatte so was nicht. Dafür hatte sie einen dicken Ordner mit Kochrezepten, ausgeschnitten aus Zeitschriften wie »Frau & Mutter«, »Heim & Familie« oder »Kind und Kegel«. Hatte überhaupt irgendeine Mutter eine eigene kleine Plattensammlung?

Mein Vater hatte eine Sammelplastikmappe für Singles und einige Langspielplatten. Sonntags wurde manchmal ein bißchen was davon aufgelegt. Neben Platten mit Marschmusik oder dem Weihnachtsoratorium hatte er auch Musik von Elvis, Dean Martin und Harry Belafonte. Alles in allem ziemlich altes Zeug.

Mein erster Kontakt mit zeitgemäßer Musik kam durch das Fernsehen: Ilja Richters *Disco* am Samstagabend im ZDF. Ilja Richter, der diese Sendung von 1970 bis 1982 moderierte, war ein quirliger, dürrer Vogel, trug Anzug, Hemd und Fliege und einen handgemeißelten Scheitel. Mit diesem Outfit könnte man heute keine Jugendsendung mehr moderieren, allenfalls noch einen Sammelpuppen-Verkauf auf QVC.

Aber damals ging das Outfit durch, zumal die meisten Jungens in jener Zeit selber einen handgemeißelten oder beilgekerbten Scheitel trugen. Die anderen hatten einen Pony oder Locken. Lange Haare gab es noch nicht. Die wurden erst später erfunden.

Ilja Richter würzte die vielleicht wichtigste Jugend-Musik-Fernsehsendung der Siebziger mit eigenen Sketchen, die er selber schrieb und mit seiner Mutter einstudierte. So steht es geschrieben in seiner Biographie »Spot aus! Licht an! Meine Story«. Dort erfährt man auch, daß Ilja Richter ein Verhältnis mit Marianne Rosenberg hatte, von dem aber niemand etwas wissen durfte. Das war ein Geheimnis, genauso wie die Schwulität von Freddie Mercury und das Toupet von Captain Kirk.

Bei Ilja Richters *Disco* sah ich zum ersten Mal richtige Rock-Kerle: Slade, Sweet, Status Quo und Suzie Quatro. Suzie Quatro war 'ne Frau, hat aber trotzdem gerockt. Suzie Quatro trug einen hauteng geklöppelten Leder-Overall. Mit nix drunter, die Sau. Und zack, da war sie: meine erste Erektion.

Es gab auch Frauen mit viel Glanz und Glitter, die mir aber ebenfalls sehr gut gefielen: Abba, Boney M. oder Elton John. Und Baccara, die beiden Hungerhaken.

Baccara: »Yes, Sir, I can boogie, but I need a certain song.«

Mädchen, eßt erst mal was Anständiges, sonst werdet ihr noch ohnmächtig beim Tanzen!

Zwischen Hungerhaken und Leder-Overalls sah man bei *Disco* auch den einen oder anderen deutschen Wonneproppen: Benny sang Lieder wie »Amigo Charly Braun«, »Was geht da vor hinter Billys Scheunentor« oder »Bin wieder frei«, die deutsche Version von Plastic Bertrands »Ça plane pour moi«.

Die Teens sangen »One Two Three Four, Red Light«, und Peter Maffay sang von Sex, und es war Sommer.

Auftritte deutscher Künstler konnten gegen internationale Größen nicht wirklich anstinken, denn es war klar: Richtig gute Rockmusik muß aus England oder Amerika kommen. Erstens, weil die viel besser englisch können (zumindest die Engländer; bei den Amis bin ich mir nicht sicher), und zweitens haben die einen viel weiteren Weg, und wer von so weit her kommt, der muß richtig gut sein, sonst macht so eine lange Reise gar keinen Sinn.

Sowieso, die Teens, du liebes Lieschen, die gingen ja überhaupt nicht!

»One, two, three, four, rä-hä-häd light,
school is now over and I see you tonight!
Five, six, seven, eight, come on to dance –
day is for school, but tonight's for romance«

Die Teens waren noch Schüler, und das galt schon mal nicht. Richtige Rockmusiker müssen viel älter sein, erwachsene Männer mit Haaren auf der Brust, einer Socke im Schritt, Whiskey in der Kehle, tüchtig Bartwuchs und unzähligen Frauengeschichten auf dem Kerbholz.

Zumindest aus Sicht der Jungens. Die Mädels sahen das anders. Dementsprechend gingen zu Teens-Konzerten auch immer nur die Mädchen hin. So wie heute zu Tokio Hotel. Ihr könnt ja mal für Spaß im Bekanntenkreis rumfragen, welche der heute erwachsenen Frauen noch eine Teens-Single zu Hause hat. Ihr werdet überrascht sein!

Bands, die nicht zu Ilja Richter in die Sendung kommen konnten oder wollten, schickten ihm ein Video. Das zeigte er im sogenannten »Disco-Kino«, dem Vorläufer für so großartige Disco-Kinoerlebnisse wie »Saturday Night Fever« oder »Saturday Night Fever II«. Und wo wir schon dabei sind: Gab es eigentlich auch »Saturday Night Fever III«, oder kommt das noch?

Eine der Amibands, die nicht zu Ilja kommen konnten oder wollten, waren Kiss. Deren riesige Bühnenshow hätte gar nicht in das kleine Fernsehstudio gepaßt. Und abspecken kam echt nicht in Frage.

Kiss, the real monsters of rock. Oh yeah! Plateau-Stiefel, geheimnisvoll-dämonische Maskierungen und Kostüme aus Leder, Nieten und Glitzerpailletten. Gods of thunder!

Kiss haben auf der Bühne Blut und Feuer gespuckt. Das waren echte Profimusiker. Die hatten einen Drumriser (= höhenverstellbares Schlagzeugpodest) und einen feuerspeienden Drachen. Kiss konnten mit ihren Gitarren Raketen abschießen, und der Bassist schwang eine Axt als Baß. Wie geil ist das denn, bitte? Eine Axt als Baß? Musik für Metzger! Großartig!

(Frage an den Steuerberater: Kann man als Profi-Schockrocker eine Axtgitarre von der Steuer absetzen? Und wie ist das mit dem feuerspeienden Drachen?)

Kiss – *die* hatten Haare auf der Brust und tüchtig Frauengeschichten am Start. Als ich die sah, war es um mich geschehen. Ich baute mir aus meinen Village-People-Big-Jim-Puppen die vier Kiss-Musiker nach, malte ihnen Masken mit Revell-Modellfarben, baute ihnen eine Bühne, einen feuerspuckenden Pappdrachen und aus einer Kaffeedose einen Drumriser.

Rock 'n' Roll all night – Basteln everyday

Ich beschloß, Kiss-Fan zu werden. Dazu benötigte ich schnellstmöglich deren Musik auf Tonträger. Ich hatte schon aus der *Bravo* ein paar Poster und Sticker gesammelt, aber ohne die Musik dazu war das nur die halbe Miete. Vom Fernseher Musik aufnehmen ging nicht so gut, aber es gab ja auch Radio, und das konnte man sehr gut aufnehmen.

Im WDR2-Hörfunkprogramm lief jeden Mittwochabend Mal Sondocks Hitparade. Das waren zwei Stunden aktuelle Rock- und Popmusik mit Neueinsteigern, der Rubrik »Hit oder Niete« und Stücken, die nicht wiedergewählt werden durften, weil sie schon dreimal auf Platz eins waren. Ach nee, das war bei der *Hitparade* mit Dieter Thomas Heck.

Mal Sondocks Hitparade wurde Woche für Woche von Tausenden deutschen Jugendlichen mitgeschnitten; entweder mit dem

Radiorekorder – in mono oder stereo – oder mit dem Mikro vom Kassettenrekorder vor den Lautsprechern vom Transistorradio. Das war die preiswerteste Lösung. War zwar etwas komplizierter, klang dafür aber auch viel beschissener.

Diese frühen Aufnahmen waren sozusagen die ersten Musik-Downloads. Damals war das alles noch umsonst und legal und hieß »Mitschnitt«.

Der Moderator Mal Sondock quatschte einem allerdings ständig in die Aufnahmen rein, so daß sie zum Weiterkopieren für Dritte eigentlich nicht zu gebrauchen waren. Dieses Gequatsche war quasi der erste Kopierschutz.

Hier ein Beispiel für Mals zauberhaften Deutsch-Englisch-Sprech-Kopierschutz:

> *»Hey, ich wollte diese Woche die neue Slade-Scheibe spielen, habe sie extra auf England angefordert; sie ist prompt angekommen und prompt war sie kaputt, so ich stelle sie nächste Woche erst vor.«*
> O-Ton Mal Sondock

Wer Spaß an solchen Zitaten hat, für den habe ich hier einen prima Tip: Es gibt die von Fans eingerichtete Homepage mal-sondock-fanpage.de, die sich zur Aufgabe gemacht hat, alte Sendungsmitschnitte zu digitalisieren und der Menschheit im Internet zugänglich zu machen. Hört mal rein, das macht Laune!

Bei Mal Sondock hörte ich die ersten Songs, die mir etwas bedeuteten und die mich bis heute nachhaltig geprägt haben: »Love Is Like Oxygen« von Sweet, »Substitute« von Clout, und »I Was Made For Loving You« von Kiss.

Auch »Kiss You All Over« von Exile gehörte dazu, obwohl mich der Text nicht sonderlich ansprach. Vom Küssen hatte ich noch nichts weg. Die einzige Assoziation zum Thema »Kuß«, die ich aufbringen konnte, war der Schmatzkuß meiner Oma väterlicherseits, und der war sehr unangenehm, denn Oma hatte einen Damenbart.

Zwischen den vielen starken Titeln gab es leider auch so manchen Patzer, der einem echt jede Mitschnittkassette versauen konnte: »Maybe« von Thom Paice, »Hymn« von Barclay James Harvest oder »Follow You, Follow Me« von Genesis. Und nicht zu vergessen »The Logical Song« von Supertramp. Meine Fresse! »The Logical Song« gibt es mittlerweile auch als Coverversion, und da kann man hören, daß der Song an sich gar nicht mal so ganz schlecht ist, aber das Original war eine KataStrafe.

Soweit ich weiß, betreibt Mal, der sich damals die Rechte vieler Musiktitel zugelegt hat, heute eine Firma, die Musiksampler für Fluglinien zusammenstellt. Hoffentlich spricht er auch da wieder seine kultigen Ansagen rein. Wenn nicht, müßte das der Pilot übernehmen.

Unter den Fans der Sendung mit Mal gab es immer Zweifel bezüglich der richtigen Schreibweise des Namens »Sondock«. Auch meine Schreibweise ist nur eine Vermutung, ein dringender Verdacht, nicht verbrieft und nicht besiegelt. Vielleicht heißt er ja auch »Sandock« oder »Sundock« oder »Sunblocker«? Man weiß es nicht. Eine andere mögliche Variante wäre noch »Sundog« (»Sonnenhund«), und mein Korrekturprogramm bietet mir »Sohndock« an. Aber das ist es auch nicht, oder?

Mal, falls du das hier liest: Sei doch so gut und schicke mir ein aufklärendes Grußkärtchen. Ich würde mich irrsinnig freuen!

Grünes Licht für Afro-Bob

Meine ersten eigenen Vinylscheiben waren Kinderhörspiele, so was wie »Pumuckl« oder »Die kleine Hexe«. Die waren spitze, die durfte ich sonntags im Wohnzimmer hören. Ich hatte auch ein Winnetou-Hörspiel, aber das war nicht mit den originalen Synchronstimmen, die man aus den Winnetoufilmen kannte. Das war beknackt.

Meine ersten Musikplatten bekam ich vom Club-Center. Mein Vater war da »Club-Mitglied«, das war wohl so eine Art Ehrentitel. Jedes Jahr zu Weihnachten bekam ich die »Club Top 13«-Langspielplatte, und wenn ich brav war zum Geburtstag noch die »Club Top Hit-Mix mit den aktuellsten Tophits«; die meisten Tophits waren aber ziemlich unbekannt.

Zu dieser Zeit bekam ich auch meinen ersten eigenen Plattenspieler aus Plastik und mußte nicht länger im Wohnzimmer hören, wo alle zukucken konnten.

Bald fing ich an, mich musikalisch zu emanzipieren und mir meine Musik selber auszusuchen. Dabei fehlte mir jedoch zu Beginn noch etwas die Zielsicherheit.

Meine erste selbstgekaufte Langspielplatte war »Nightflight To Venus« von Boney M. Ich liebte die Fanpostkarten, die der Platte beigelegt waren. Hat die noch jemand?

Sowieso: LP-Cover waren immer eine prima Gelegenheit, den Fans noch ein paar Geschenke beizulegen. Bei Kiss gib es im Cover zur »Love Gun«-LP eine Papierpistole zum Ausschneiden. Die konnte allerdings nicht richtig schießen. Von BAP (keine Heavy-Metal-Band, aber mir fällt grad nix anderes ein) gab es auf dem Cover der LP »Füruszeschnippele« (oder so ähnlich; auf Hochdeutsch sollte das heißen: »Für zum Ausschneiden«) die Musiker als Pappmännchen zum Aussägen und Aufstellen. Das Cover war danach natürlich fratze, aber eigentlich ist das ja das Beste, was einem BAP-Cover passieren kann, oder?

Zurück zum Afro-Pop mit Afro-Bob. Boney M. waren vier Frauen, eine davon mit Pimmel. Boney M. waren kein Heavy-Metal. Boney M. waren Betrug. Die haben die Musik gar nicht selber gemacht. Boney M. waren Retortenmusik. Das erfuhr ich aber erst viel, viel später. Da kam heraus, daß ein gewisser Frank Farian die Musik gemacht hat und auch die Gesänge (bis auf eine Frauenstimme). Das muß man sich mal vorstellen: Der steht im Studio, sagt sich: »So, jetzt bin ich drei Frauen« – und dann singt er auch so. Ich könnte das nicht.

Frank Farian hat später auch Milli Vanilli und Far Corporation gemacht. Die erste Scheibe von Milli Vanilli war bereits produziert, ehe die Band zusammengesucht wurde. Heute würde man sagen »gekarstet«. Heute bekommt das auch jeder mit, daß eine neue Superband zusammengebaut wird und daß die Musik wieder von Dieter Bohlen ist. Damals galt diesbezüglich noch strikte Geheimhaltung. Aber auch damals war alles schon Lug und Trug. Ich bin menschlich enttäuscht. Ich will mein Geld zurück.

Frank Farian hat Jahre später in seinem Buch »Stupid, dieser Bohlen« dem von der Sonne verwöhnten Dieter B. aus T. billige Arbeitsmethoden und Betrug vorgeworfen. Der muß ja wissen, wovon er spricht, der Frank, der Farian. Bitte nicht wiederwählen, er war schon dreimal dabei.

Meine zweite selbsterworbene Scheibe war von Kraftwerk: »Die Mensch-Maschine«. Kraftwerk waren bei weitem eigenständiger als Boney M., aber noch immer ganz weit weg von Heavy-Metal. Im Nachhinein wundert es mich, daß ich doch noch irgendwie den Dreh gefunden habe.

Kraftwerk waren Pioniere der elektronischen Musik. Die Band umgab sich mit dem Image des androgynen Roboters, unmenschlich, unnahbar. Privat waren die natürlich ganz anders, viel lockerer auch mal ein Bierchen oder zwei, ist ja logisch.

Ich war mal bei einer Lesung von Wolfgang Flür, einem ehemaligen Schlagzeuger von Kraftwerk. Flür veröffentlichte 1999 sein Buch »Kraftwerk – ich war ein Roboter«, in dem er der Band wilde Sexorgien und Drogenkonsum nachsagte. Weil das so gar nicht zu dem piekfeinen Image der Herren aus Düsseldorf paßte, haben die Noch-Mitglieder ihn gerichtlich genötigt, diese Passagen aus seinem Buch zu streichen. Deshalb ging er auf Lesetour, um alles, was er nicht schreiben durfte, dem interessierten Fan zu erzählen. Das rockt! Hier paßt das übrigens, auch wenn Kraftwerk Elektro-Pop gemacht haben.

Im dritten Plattenkauf-Anlauf gelang es mir dann endlich, den Pfad der Heavy-Metal-Tugend einzuschlagen: Ich erwarb das Doppelalbum »Kiss Alive II«. Die »Alive I« hatte ich verpaßt, dafür war ich noch zu jung.

Ich habe lange auf die »Alive II« hingespart. Zehnmal habe ich die Platte im Laden nur besucht. Nur mal kucken, ob sie noch da war. Und beim elften Besuch war es endlich soweit: Ich ging in den Laden, nahm die Platte aus dem Regalfach, ging zur Kasse und bezahlte mit leicht zittrigen Fingern. Die Verkäuferin war aber sehr einfühlsam, fragte, ob es das erste Mal für mich sei, und ich nickte nur verlegen. Sie zog mit ihren zärtlichen Fingern eine Tüte über die Platte und reichte sie mir herüber. Dann ging ich nach Hause und ab in mein Kinderzimmer. An jenem Tag wurde aus meinem Kinderzimmer ein Jugendzimmer.

Time to get heavy! Nach Boney M. und Kraftwerk die Erlösung – endlich eine Band, mit deren Mitgliedern man sich identifizieren konnte. Endlich eine Platte, zu der man Luftgitarre spielen konnte!

Das Cover von »Kiss Alive II« ist eines der geilsten Doppel-LP-Cover überhaupt. Wenn man das Cover aufschlägt, sieht man die gesamte Riesenbühne von Kiss, mit Nebel, Flammenwerfer, Lichttraversen, Drumriser (ihr wißt mittlerweile, was das ist), feuerspeiendem Drachen und Hebebühnen, auf denen die übergroßen Comic-Rocker thronen. Uh-Yeah!

Wer es nicht kennt, kann jetzt leider nicht mitreden. Vielleicht solltet ihr euch erst mal die Scheibe besorgen, ehe ihr hier weiterlest. Am besten auf Vinyl, das ist authentischer, weil größer! Auf geht's, Zeit zum Shoppen.

– shopping-stop – shopping-stop – shopping-stop – sho …

Ich weiß, in Läden ist die »Kiss Alive II« heute nur noch schwer zu finden, aber gebt euch ruhig ein bißchen Mühe, versucht es auch bei eBay. Ich warte so lange auf euch.

– please, hold the line – please, hold the line – please ho …

So, zurück vom Shoppen? Auf eBay fündig geworden? Dann kann es ja endlich losgehen.

Also: Platte auflegen, Nadel aufsetzen – Staub abpusten nicht vergessen! – Augen zu und … knister, Spannung, Lagerfeuer – Vinylknacken …

Und dann das Fade-in, Publikumsgetöse, Feuerwerk und die wohl beste Ansage der Rockgeschichte:

You wanted the best, you got the best!
The hottest band in the world: KISS

Und dann geht sie ab, die Lutzi!

»Da dada dada dada dada dada dada dada dada dada dada dada dadabadadabdah dadahhh dadahhh …«

Na, welcher Song ist das? Richtig: »Detroit Rock City«. »Detroit, die Rockstadt« – wart ihr schon mal in Detroit? Die Stadt ist schäbig, aber der Song ist spitze!

»Kiss Alive II« war mein erster echter greifbarer Kontakt mit Rock, und er war Granate. Ich hatte echt noch keine Ahnung von Sex, aber eines war mir klar: So muß guter Sex sein. Ach, Quatsch, so gut kann Sex überhaupt nicht sein! Ich wußte, mein Leben würde nie wieder so sein, wie es einmal war (was immer das heißen mochte).

In den frühen Jahren meiner Kiss-Fan-Karriere kam ich mir oft sehr einsam vor. Ich war der einzige Kiss-Fan in unserer Straße, auf der Schule und auch bei den Pfadfindern (die aber ansonsten durchaus dem Heavy-Rock zugetan waren). Ich wurde von meinen Eltern und Schulkollegen belächelt und für »strange« befunden – zumindest kam es mir so vor.

Das machte mir aber nichts aus, denn die Kiss-Songs riefen mir zu, daß ich nicht der Einzige war, sondern daß wir, die Kiss-Army, viele sind und der Rest der Welt uns mal kreuzweise kann, aber so was von, und »Shout it Out Loud« und »On the 8th Day God Created Rock 'n' Roll«! Jawoll, so isses, völlig richtig, was sie sagen, keine Diskussionen!

Jahre später las ich in Interviews, daß unzählige Musiker Kiss als ihren wichtigsten Einfluß bezeichnen: Metallica, Pantera, Anthrax, die Ärzte, Lenny Krawitz und und und. Und Lordi natürlich. Männer, wo wart ihr, als ich euch brauchte?

Ich an Hell'o Wien

Zurück zu »Kiss Alive II«. Wenn man eine gute neue Rockscheibe auflegt und fertig ist mit Bilder kucken und Texte lesen, dann greift man gerne mal zur Luftgitarre und rockt fleißig mit. Meine Luftgitarre hing bei mir immer griffbereit über dem Bett. Also nichts wie rauf auf das Bett, Luftgitarre geschnappt und schön mitgerockt. Yeah!

Luftgitarrespielen ist die Königsdisziplin unter den männlichen Tanzsportarten. Headbangen (ausgesprochen »heddbängen«) ist okay, Moshen ist gut, aber erst beim Luftgitarrespielen zeigt sich die ganze urwüchsige Elastizität und Phantasie eines Mannes.

Luftgitarre ist eine rein männliche Disziplin. Männer spielen Luftgitarre (und emanzipierte Frauen, aber von denen gibt es zum Glück im Heavy-Metal nicht so viele).

Luftgitarre kann man entweder aus der hohlen Hand heraus, also mit nix in der Hand, betreiben, oder man nimmt Gegenstände zu Hilfe, die in Form und Beschaffenheit irgendwie ungefähr, wenn man nicht so genau hinschaut, einer E-Gitarre ähnlich sind.

Als Luftgitarrenhilfsmittel können dienen: ein Wischmop, ein Wedel, ein Tennisschläger, ein Spaten.

Als für Luftgitarre ungeeignet haben sich erwiesen: ein Staubsauger, ein Pudel sowie überhaupt jede Art von Haustier.

Als geeignete Übungsstücke für die ersten Luftgitarreübungen haben folgende Rockklassiker bis heute nichts an Aktualität verloren:

- »Eruption« von Van Halen
- »Enter Sandman« von Metallica (bei Metallica bitte beachten: die Gitarre schön tief hängen)
- »Smells Like Teen Spirit« von Nirvana. Hierbei beachten: Am Ende die Gitarre in den Verstärker kloppen!
  Und aufgemerkt:
- »Stairway to heaven« von Led Zeppelin!
  Aber ACHTUNG! Hier nur die Solopassage!!
  Nicht zupfen. NUR DAS SOLO!!!

(Noch ein Tip für alle: Wer keine Luftgitarre hat, kann sich eine bei eBay ersteigern. Kein Witz.)

Meine ganz persönliche Note beim Luftgitarrespiel war immer das Kiss(-Luft-)Baßsolo inklusive Feuer- und Blutspucken. Damit war aber bei den Mädels nichts zu reißen. Zum einen gibt es das gar nicht, »Luftbaß«, und außerdem hatte ich weder Feuer noch Blut zur Hand beziehungsweise im Gesicht. Daher war der Eindruck, den ich mit meiner Performance hinterließ, nicht im Ansatz mit dem von Kiss zu vergleichen. Mir fehlte auch der Nebel und grünes Bodenlicht. Das konnte ja nichts werden.

WAS BIN ICH FÜR EINE LUFTGITARRE
oder: ein Schnellkurs für Frauen mit Bausparvertrag

Wenn ein Mann bei einem Date mit der Dame seines Herzens in einem gepflegten Freizeitlokal plötzlich aufspringt, weil die Jukebox »Jump« zum Besten gibt, ist er ein öffentlichkeitsgeiles Arschloch, der lieber mit sich selbst Musik macht als mit der Dame seines Herzens oder sonstwem. Vergiß ihn!

Ein Mann, der nur abgefahrene Gitarren-Instrumentalplatten hört (Steve Vai, Joe Satriani etc.), alleine in seinem Zimmer spielt und abrupt aufhört, sobald jemand das Zimmer betritt, ist ein Eigenbrötler, der nichts von seiner Luftgitarrenkunst preisgeben will, weil er Angst hat, man könne ihm seine schönsten Luftgitarrentricks klauen. Laß ihn machen! Aber schieb ihn nicht gleich ab, er hat Ahnung von Wein.

Der »planlose Rumdudler«, der beim Luftgitarrespiel nie merkt, wann das Solo zu Ende ist, kommt nicht richtig klar im Leben. Er ist selten pünktlich beim Date, weil er über seinem stundenlangen, kindischen Computergefummel jede Verabredung vergißt. Rechnungen läßt er liegen, weil er nicht weiß, wie er damit umgehen soll. Er wird teuer angemahnt und jammert dann über die bösen Firmen, die ihn nur ausnehmen wollen. Nur geeignet für Frauen, die gerne bemuttern.

Der »heimliche Shredder« ist ein Kontrollfreak. Wenn er beim Autofahren seine Lieblingsband hört, sieht man ihm das nicht an. Er hat beide Hände am Lenkrad und verzieht keine Miene. Kommt er an eine rote Ampel, gönnt er sich ein bißchen Finger-Acting und fiedelt durch die Luft. Springt die Ampel wieder auf Grün, sind beide Hände sofort wieder am Lenkrad. Wenn dieser Mann Sex hat, nimmt er nicht ein Kondom, er nimmt gleich zwei. Sicherheit wird bei ihm groß geschrieben. Leider bleibt dabei der Spaß ein wenig auf der Strecke. Er ist eine nette Ergänzung für Frauen mit Bausparvertrag.

Der »Typ aus der Gang« ist immer mit der Clique unterwegs, einer Horde von Jungens, mit denen er auf Partys jede Tanzfläche plattmacht. Er spielt die Luftgitarre nur im Verbund mit der Gang. Gegenüber Frauen hat er ein Intimitätsproblem. Keine Beziehung ist ihm wichtiger als die zu den Jungens in der Gang (und zu Mädels in der Gang, falls vorhanden). Du findest ihn trotzdem süß? Trete der Gang bei!

Auszug des Artikels »Boy diagnostics: What his air guitar technique tells you about him« von Mikki Halpin, veröffentlicht unter
www.stim.com/menwomens/guitar/guitarstory

Let us see your Flying V!

Irgendwann wollte ich natürlich auch selber eine Rockgitarre. Ich spielte schon seit fünf Jahren Akkordeon, aber das war großer Käse.

Das Akkordeon konnte nur Rheinlieder, Seemannslieder und Tango. Kiss auf Akkordeon war 'ne Katastrophe, und bei den Mädchen kam das Akkordeon auch nicht gut an.

Ich war zu der Zeit bereits bei den Pfadfindern, und dort konnte ich in jedem Sommerlager live erleben, wie gut man bei den anderen ankommt, wenn man die Gitarre spielt.

Pit und Tom, unsere Gitarrenspieler, hatten den Respekt der ganzen Truppe. Sie konnten bestimmen, wann es los ging mit Liedersingen am Lagerfeuer. Pit war Wölflingsgruppenleiter und bei der Polizei. Er machte sich einen Spaß daraus, uns morgens mit der Luftpistole zu wecken. Pit war richtig knorke, der spielte für sein Leben gerne, auch unterwegs beim Wandern, und er hatte stets einen lockeren Spruch auf den Lippen. »Lassen Sie mich durch, ich bin Gitarrist!« war so ein Spruch. So wie Pit wollte ich auch werden.

Tom war mehr so der Anarchotyp. Bei ihm sangen wir zur Melodie von »Glory, Glory, Halleluja« seine höchst eigene Textvariante »Wir füllen unser Schwimmbad mit dem Blut der KJG«. Ich glaube, Texte wie diese trugen wesentlich dazu bei, daß sich die KJG (Katholische Junge Gemeinde) und die DPSG (Deutsche Pfadfinderschaft Sankt Georg) bis heute spinnefeind sind. Tom ging später in die Essener Hausbesetzerszene. Bei einer Hausräumung traf er am Ausgang Pit im Dienst in Uniform. Sie grüßten sich mit einem brüderlich verbindenden »Gut Pfad!«. Einmal Pfadfinder, immer Pfadfinder.

Bald wurde mir klar, daß mein gesamtes weiteres Schicksal vom schnellstmöglichen Besitz einer Gitarre abhing. Also nervte ich meine Eltern so lange, bis sie mir eine Konzertgitarre schenkten. Dazu gab es das Gitarrenbuch von Peter Bursch.

Was sollte das? Ich hatte doch laut und deutlich gesagt, ich will rocken. Was soll ich da mit einer Konzertgitarre und einem Lehrbuch wie ein Schnuffeltuch? Nach anfänglichen Abneigungen habe ich dann aber doch die Gitarre zur Hand genommen und mal ins Buch hineingeschaut.

Die Gitarrenschule von Peter Bursch ist die bis heute erfolgreichste Gitarrenschule zum Selbsterlernen in Deutschland. Egal, was du spielst, du nimmst den Bursch. Du willst rocken? Nimm den Bursch. Und bei Blues? Da nimmst du den Bursch. Und bei Folk? Da nimmst du erst recht den Bursch.

Was den Bursch für Anfänger so interessant machte, war die Schreibweise der Musik. Keine komplizierten Noten, sondern Tabulaturen. Das waren Griffbrettbilder, die man eins zu eins übertragen konnte, kinderleicht, war gar nicht schwierig. So eine ähnliche Schrift für Gitarrenmusik gab es zwar schon im Mittelalter, aber erst durch den Peter wurde diese simple, aber geniale Methode in die Neuzeit transferiert.

Und wenn man dann noch die Tonbeispiele der Schallfolie hörte, konnte eigentlich nichts mehr schief gehen. Man durfte nur nicht allzu genau auf Peters Gesang achten, denn der war unter aller Kanone.

Ich sach ma so: Wer englisch singt, sollte auch englisch sprechen können. Stichwort »th«, ausgesprochen »tie-ätsch«. Das »th« ähnelt ein bißchen unserem »s« – aber eben nur ein bißchen. Beim »s« hängt die Zunge *hinter* den Zähnen, »beim »th« *zwischen* den Zähnen. Weiß jeder, sollte man meinen, ist aber nicht so.

Wäre der Peter in meinem Leistungskurs Englisch gewesen, hätte unser Lehrer Herr H. ihn schön langgemacht. Mit Nachsitzen, in der Ecke stehen und hundertmal schreiben:

»Ich darf nicht ›th‹ wie ›s‹ aussprechen.
Ich darf nicht ›th‹ wie ›s‹ aussprechen.
Ich darf nicht ›th‹ wie ›s‹ aussprechen.«

Ich könnte jetzt noch ewig und drei Seiten weiter über den Peter lästern, aber dann komme ich vom Thema ab. Ich hebe mir das für später auf. Man will ja auch mal voran kommen.

Rocken mit der Konzertgitarre war unmöglich. Diese Lektion hatte ich bald begriffen. Ich habe mir damals vom Flohmarkt ein Songbuch von Iron Maiden geholt. Da ich noch nicht wußte, wie die klingen, ging ich ganz unberührt an die Sache. Ich spielte »The Number Of The Beast« anhand der Akkordsymbole über dem Text. Das klang wie eine Melange aus Hannes Waders »Heute hier, morgen dort« und Heinos »Schwarzbraun ist die Haselnuß«. Als ich später das Original von Maiden hörte, schämte ich mich rückwirkend in Grund und Boden.

Die Bursch-Gitarrenschule ging für mich ein halbes Jahr gut, bis zu der Stelle, wo die Pickings (Zupfmuster) anfingen. Ich wollte nicht zupfen, ich wollte ROCKEN! (Hab' ich, glaube ich, schon gesagt, oder?)

Ich hatte die Schnauze voll und fing wieder an, meine Eltern zu nerven. »Oh, Eltern, erhöret dieses Leidgestammel eures Erstgeborenen. Ich will, ich brauche, ich muß haben: eine E-Gitarre.«

Ich versprach meiner Mutter, ich würde ihr später, wenn ich Geld habe, einen Staubsauger als Entschädigung schenken. Ich habe sie so richtig weichgekocht!

Schließlich hatte ich mein Ziel erreicht: Wir gingen in einen Musikladen. Nachdem meine Eltern dem Verkäufer (er sagte, er war mal bei Eloy; das sagte uns aber nichts) ihren Finanzrahmen und ich meine musikalische Marschrichtung dargelegt hatten, blieben noch zwei Gitarren in der engeren Auswahl.

Die eine war ein günstiges Einsteigermodell von Vantage; sie besaß »zwei Humbucker ohne Splitfunktion, einen dreiteiligen Korpus aus gesperrter Erle und Gotoh-Mechaniken«, aber das sagte uns nichts.

Die andere war eine gebrauchte Fender Telecaster, ein echtes »Schätzchen«, das über die Jahre noch an Wert gewinnen würde.

»Telecaster spielen ja auch die Gitarristen von Status Quo«, sagte der Verkäufer.

Meinen Eltern sagte das auch nichts, aber mir sagte das alles. Status Quo waren schmierlappige Jeanstypen mit fettigen Haaren, die ständig behaupteten, sie würden »all over the world« rocken. Haha! Wie denn, ohne Plateaustiefel und feuerspeienden Drachen? Status Quo fand ich kacke. Vergesst Status Quo!

Meine Entscheidung war gefallen: gegen die wertsteigende Investition, zugunsten des Einsteigermodells von Vantage. Die Vantage-E-Gitarre hatte aus rockspezifischer Sicht einen Vorteil, den die Telecaster nicht wettmachen konnte: Die Vantage war eine *Flying V*! (Wird ausgesprochen »Flaiing Wie«)

Weil man Geschwisterkinder immer gleich behandeln soll, bekam meine jüngere Schwester an jenem Tag ein Keyboard gekauft. Aber sie machte da nichts draus. Das war kein Wunder, schließlich war meine Schwester nach drei Jahren Blockflötenunterricht schon so dermaßen musikgeschädigt, da war wohl nichts mehr zu machen, kein Interesse. Und ein Jahr später fing das dann an mit dem Reitunterricht. Mädchen!

Viele meiner Gitarrenhelden spielten die Flying V: die Scorpions, Michael Schenker, Accept, Judas Priest. Schon Hendrix spielte zwischendurch eine Flying V, wenn die Fender gerade brannte.

Nun seid ihr sicher sehr gespannt und wollt wissen, wie sie aussieht, wie sie sich anfühlt, wie sie klingt, die Flying V! Ich höre schon den Ruf der Chöre: »Let us see your Flying V. Let us see your Flying V!«

Doch ehe wir die Flying V anschließen, um uns an ihrem mächtigen Rock-Ton zu erfreuen, muß ich noch etwas zum Thema »Der richtige Gitarren-Sound« sagen: Die Sounds der verzerrten Gitarren auf den geilen Rockscheiben waren für mich als Anfänger ein Rätsel. Wie machten die das bloß, daß eine Gitarre klingt wie eine Kettensäge, ein Preßlufthammer oder eine Harley-Davidson im Leerlauf?

Mein erster Versuch, dem Gitarrensound von Kiss und den Scorpions näher zu kommen, bestand darin, das Mikrophon des Kassettenrekorders in meine akustische Bursch-Gitarre zu hängen, auf Aufnahme zu drücken und den Eingangspegel am Rekorder auf Maximum zu stellen. Das Ergebnis war ein penetranter Pfeifton, der alle Mütter und Hunde der Nachbarschaft in Alarmbereitschaft versetzte. Dieser Sound hatte mit den Gitarren der Scorpions nichts gemeinsam, höchstens mit dem Pfeifen des Sängers.

Mit der E-Gitarre war ich der Chance, den coolen Heavysound zu produzieren, schon einige Meter näher gekommen. Für die E-Gitarre gibt es nämlich reichlich Zubehör, obwohl, bis man da den Durchblick hat, vergehen Jahre.

Allein die Liste der unzähligen Effektgeräte (deren Effekt im wesentlichen darin besteht, mangelnde Spielfähigkeiten zu kaschieren), liest sich wie eine Auflistung von Weltraumwaffen. Es gibt den »Overdrive«, den »Distortion«, einen »Metal Shredder«, den »Phaser« und den »Flanger«, einen »Big Muff« (klingt nach Furz, nach vollgefurztem Männer-Proberaum. Bäh.) und ein »Delay«. Und ganz wichtig: ein weltraumerprobtes Stimmgerät. Das kennen wir aus *Star Wars,* da hatte Darth Vader ein Stimmgerät in seinem Helm. Deshalb klang seine Stimme so komisch.

Hose aus, Beine ab

In der Schule – ich besuchte ein Gymnasium – mußte man sich nicht nur für Leistungskurse, sondern auch für eine Lieblingsband entscheiden. Kiss oder AC/DC, Status Quo oder Iron Maiden. Es waren auch Doppelnennungen möglich.

Seine Lieblingsbands schrieb man sich auf die Jacke, die Schultasche und auf die Stiftmappe; auf die Hose und die Schuhe und auf die Schulbank und heimlich nachts auf das Schulgebäude.

So hat es mein Freund Volker N. aus Dinslaken gemacht. Astrein. Die Sache hatte nur einen Haken: Seine Lieblingsband war Marillion. Du liebe Güte, Marillion! Aber so ist Dinslaken. Da geht das. In Essen hätte er dafür Klassenkeile bekommen.

Hier ein Zitat aus dem einzigen Hit von Marillion: »Kayleigh! I just want to say, I'm sorry.« So jammerte Fish, der fette Sänger von Marillion, und er tat gut daran, sich zu entschuldigen. Später hat er die Band verlassen. Das war konsequent.

Hilfreiche Entscheidungshilfe bei der Wahl der Lieblingsbands waren Fotos aus der *Bravo* oder die Plattensammlungen der älteren Geschwister. Wer so was wie Pink Floyd oder Deep Purple auf der Tasche trug, hatte entweder seine Tasche vom großen Bruder geerbt oder war schon mindestens einmal sitzengeblieben. Beides war eigentlich ganz cool. Wer allerdings Electric Light Orchestra oder Barclay James Harvest auf sein Mäppchen schrieb, der hatte nix begriffen, der war komplett raus aus dem Spiel, wurde geteert und gefedert und bekam bis zum Ende seiner Schulzeit die Luft aus den Reifen gelassen.

Jetzt, wo ich darüber nachdenke, fällt mir auch wieder ein, daß alle BJH- und ELO-Hörer bis zum Abi mit dem Fahrrad zur Schule gekommen sind. Dagegen ist soweit nichts zu sagen, aber die trugen als einzige Hosenklammern! Auch im Unterricht! Das war damals schon definitiv »out«, das machten nur die Geschichts- und Religionslehrer.

Definitiv »in« war es hingegen, sich die Schultasche aus einer alten Jeans zu nähen. Das ging so: Hose ausziehen, Beine abschneiden, zunähen, ein Windeltuch als Gurt befestigen – fertig. Das gab zwar tierischen Ärger mit der Mutter, war dafür aber schwer angesagt. Heute würde man sagen, das war »kultig«.

»Kultig« – ein Wort, das in den letzten Jahren zu einer hohlen Phrase verkommen ist. Heute ist eine TV-Serie schon »kultig«, wenn eine zweite Staffel gedreht wird. Dann gibt es Sticker, Tassen und Autogrammkarten. »Raumschiff Enterprise« lief bereits in der dritten Wiederholung, ehe die Serie endlich heilig, sprich »kultig« gesprochen wurde.

Aber früher war ein »Menü« ja auch noch ein MENÜ – mit Vorspeise, Hauptgericht und Dessert; heute ist »Menü« ein Big Mäc mit Pommes und Cola oder die Bedieneroberfläche eines Handys. *Where have all the good times gone?*

(Apropros Handy: Handy-Display-Download-Bilder werden unter der Bezeichnung »Wallpaper« angepriesen. Kann man das bitte mal sein lassen? »Wallpaper« ist die englische Bezeichnung für »Tapete« und wird neuerdings auch manchmal für »Poster« benutzt. Aber für ein Handydisplay? Ein »Poster« im Format einer Briefmarke? Denkt da noch mal drüber nach.)

Ich malte mir die Original-Logos meiner Lieblingsbands mit Revell-Modellfarben auf meine selbstgebastelte Jeanstasche: Kiss (natürlich!), AC/DC und Iron Maiden inklusive des Bandmaskottchens Eddie vom »Killers«-Album.

Eddie war der Urvater aller Bandmaskottchen. Bei Auftritten von Iron Maiden mußte sich einer der Roadies als Eddie verkleiden und wurde auf der Bühne gequält, geköpft, geviertelt, ertränkt und alles. Ein Scheißjob!

Eddie sah aus wie eine luftgetrocknete Version von Thomas Gottschalk. Entworfen von dem Künstler Derek Riggs, hieß Eddie ursprünglich »Electric Matthew«. Die Band Iron Maiden entdeckte die Figur und machte sie zu Eddie.

In Anlehnung an das Original entwarf ich ein paar Familienmitglieder von Eddie: Eddies Halbschwester, Eddies Stiefvater und Eddies Oma. Wo hab' ich die denn bloß? Ist ja schon lange her...

Ach, kuck mal, da sind sie. Ich leg mal grad was auf den Scanner, okay?

96 – Granny of the Beast

Das »Killers«-Album von Iron Maiden besaß ich leider nicht selber. Der Dirk V. aus E. hatte das. Sein Onkel hatte ihm die Platte geschenkt. Der Onkel war echt cool, der hat gerockt.

Dirk V. selber hat leider nicht so richtig gerockt. Die »Killers«-Platte stand bei ihm zwischen Genesis und den Beatles und wurde einmal die Woche von seiner Mutter abgestaubt. Sakrileg und Zapperlot! Das ist doch keine artgerechte Haltung für eine Metal-Scheibe!

Ich könnte weinen. Menschen wie Dirk V. sollten keine Metal-Scheiben selber kaufen gehen dürfen. Toleranz hin oder her, aber solche Schussel würden jede Heavy-Ecke verseuchen.

Jede Dorfdisko hat einen Türsteher, der am Eingang stiernackig und hartnäckig prüft, ob jemand würdig ist, seine Disko zu betreten. Solch eine Eingangskontrolle sollte es auch für Plattenläden geben.

Gespräch zwischen Schusselkunde und Türsteher (oder auch Kontrolletti, kurz »Konti«):

Kunde: »Hallo, ich wollte mich mal in der Heavy-Ecke umschauen.«
Konti: »Mh. Was hörst du so?«
Kunde: »Och, ich hab Genesis, ein bißchen Beatles und eine Police-Scheibe.«
Konti: »Priest?«
Kunde: »Nein, Police!«
Konti: »Mann! Ob du Judas Priest hörst?«
Kunde: »Nö.«
Konti: »Maiden?«
Kunde: »Nö.«
Konti: »Schenker?«
Kunde: »Auch nicht.«
Konti: »Raus.«
Kunde: »Was bitte?«
Konti: »Hau ab.«
Kunde: »Versteh ich nicht.«
Konti: »Eben deshalb. Abmarsch. Tschüssikowski.«

Ich habe mir Dirks »Killers«-Album damals als Malvorlage ausgeliehen und behalten. Bis heute ist es in meinem Besitz.

Dirk, falls du das hier lesen solltest – dem Album geht es ganz hervorragend, es steht bei mir zwischen »Dynasty« von Kiss und »Painkiller« von Judas Priest. DAS, mein Lieber, nenne ich artgerechte Haltung.

Vieles von dem, was wir auf dem Gymnasium lernten, war für den Überlebenskampf im Alltag ungeeignet, zum Beispiel Latein. Was haben wir im Lateinunterricht gemacht? Asterix übersetzt! Wozu? Den gibt es doch auch auf deutsch!

Auch der Musikunterricht ließ arg zu wünschen übrig. Es gab einen Schulchor und eine AG »Orff'sches Instrumentarium«.

Schüler, die Geige oder Klavier spielten, konnten bei ihrem örtlichen Musiklehrer reichlich Treuepunkte sammeln, aber wer rocken wollte, ging leer aus.

Einmal, ein einziges Mal nur, haben wir es geschafft, unseren Musiklehrer Herrn T. zu einer »Hardrock«-Themenwoche zu überreden. Was brachte er mit? Rolling Stones und Jimi Hendrix. Dazu fällt mir gar nichts mehr ein! Ende der Durchsage.

Für ein schulinternes Weihnachtskonzert wollten der Michael S. und ich einen Gitarrenblues zum Besten geben. Das durften wir aber nur unter der Voraussetzung, daß wir auch ein Jazzstück einstudierten: »Take Five«, ein Jazzstandard im Fünfvierteltakt. Das rockt nicht. Schon mal versucht, einen Fünfviertel mitzuklatschen, zu Hause oder bei einem Sting-Konzert? Das geht überhaupt nicht. Mit einem Fünfviertelstück gute Laune zu verbreiten, ist ungefähr so zweifelhaft, wie wenn man als Party-Anheizer die Geschichte von Opas künstlichem Darmausgang erzählt.

Auf dem Gymnasium gab es nur wenige AC/DC-Fans. Auch ich habe mich erst relativ spät mit AC/DC angefreundet. AC/DC waren mir anfangs zu schmutzig und brutal. Außerdem hatte ich Schiß vor deren Fans. AC/DC machten Musik für einfache Arbeiterkinder aus Haushalten mit mindestens fünf Kindern. Von denen wußte man, die wohnen in der Mau-Mau, sind unerzogen und ungewaschen und werden später Verbrecher.

Viele Gymnasiasten hörten anspruchsvollen Rock: Supertramp, Genesis. Bands dieser Kategorie brachten Konzeptalben heraus. Das Konzept dieser Alben bestand darin, den Hörer zu Tode zu langweilen. Diese Art von Rockmusik war so kompliziert, daß man sie nur mit Noten auf der Bühne spielen konnte. Das wäre bei AC/DC undenkbar gewesen. Die hätten die Notenständer umgestoßen.

Ich gehörte in der Schule zu den musikalischen Außenseitern. Ich war ein selbsterwählter *Heavy-Metal-Outlaw,* was man mir allerdings nicht ansah. Denn ich muß zu meiner Schande gestehen, daß ich nie wie ein echter Heavy-Metal-Fan, also wie man sich den so vorstellt, rumgelaufen bin. Innerlich war ich knallhart, aber nach außen hin war ich dann doch eher Räucherstäbchen.

Die Harten von der Realschule, die sahen auch hart aus: siffige Jeans, schwarze T-Shirts, am besten mit Metal-Motiv, dazu schwarze Schuhe, am besten Springerstiefel, Lederjacke und Mofa, am besten frisiert und geklaut. Und jeder dritte ein gebrochenes Nasenbein und Versetzung gefährdet.

Ich hingegen trug Kordhosen von meinem älteren Cousin, die mir zu groß waren, alte Jacketts von meinem Vater, Unterhemden von meinem Opa und dazu ein Nietenarmband, das ich mir bei einem Versand für fünfzehn Mark plus Porto und Verpackung bestellt habe. Und dazu halt die Jeanshosentasche, deren Verzierung mich als Mitglied unserer schulinternen Hardrock-Fangemeinde auswies.

Wir, das waren der Michael S. und ich. Dirk V. nicht, der hörte ja Genesis. Wir, die, wenn man uns fragte, ganz klar mehr Ahnung von Musik hatten, verstanden uns als die »Wissenden«. Wir missionierten die Ungläubigen. Wir nahmen zu Hause Metaltapes auf und steckten sie den anderen in der großen Pause heimlich in die Schultaschen.

Michael S. war okay, der hatte die richtigen Platten: Michael Schenker, Thin Lizzy, Whitesnake. Aber was viel wichtiger war: Michael hatte eine E-Gitarre! Und Michael S. hieß mit Nachnamen Spielmann. So, jetzt ist es raus. »Spielmann« – das war doch ein Zeichen!

Außerdem hatte Michael auch schon schulterlange Haare und lief immer ein bißchen angeschmuddelt durch die Welt. Das war ganz gut. Er hatte ein Lieblingssweatshirt, das er nahezu täglich trug. Da es dadurch bedingt nicht in die Wäsche konnte, zog er es alle paar Wochen von rechts auf links, damit es beim Tragen auslüften konnte. So einfach kann es sein. Da mußt du erst mal drauf kommen!

Kakao ist nicht alles

Die Flying V ist eine Gitarre, die man meiner Meinung nach nur im Stehen spielen sollte. Alles andere ist Schmuh und sieht aus wie Liedersingkreis. Es gibt zwar Modelle, die eine rutschfeste Gummileiste haben, damit man sie auch im Sitzen spielen kann, aber das ist ja großer Knatsch. Wie das schon aussieht!

Man stelle sich vor: Accept, eine prima Combo aus Solingen (»the city of steel«), beim Proben im Halbkreis auf Stühlen sitzend? Vergiß es! Oder die Scorpions? Bei »Wind of Change«?

»Huhu, wind of change, – flöt – heul doch – «

Okay, *da* kann ich mir das vorstellen. Sähe aber bescheuert aus.

Accept machten ein Spitzen-Gitarrenballett auf der Bühne. Gitarre-Baß-Gitarre im Synchronschritt gespielt.

»I'm a rebel – Schritt – rebel – Schritt – don't you just know it – Wechselschritt«

Status Quo und ZZ Top machten das ebenfalls, aber mit den zwei Flying Vs bei Accept sah das einfach viel besser aus. Schön zu beobachten ist das im Video zu »Balls To The Wall«, auch ein starker Titel.

Wer das Video nicht kennt, holt sich mal bitte die DVD »Metal Blast From The Past« (zu deutsch »Metallischer Furz aus der Vergangenheit«; ich liebe diese Metal-Titel).

Erst als ich selbst stolzer Besitzer einer Flying V war, merkte ich, wie schwierig es ist, Gitarre zu spielen und dabei gleichzeitig Ballett zu tanzen. Ich konzentrierte mich vorerst auf das Gitarrespielen, Ballett mußte warten.

Ich und die Flying V

Die E-Gitarre alleine macht noch nichts her, da klingt nichts, die kann nichts. Ich benötigte Zubehör: Ich kaufte mir einen Fünf-Watt-Übungsverstärker von Roky, einen Verzerrer und drei Plektrums (oder heißt es »Plektren«? Der ewige Streit). Danach war mein Geld alle.

Das riesige Verzerrerpedal war fast größer als der winzige Übungsverstärker. Gitarre, Verzerrer, Verstärker – mit dieser Ausrüstung ging ich regelmäßig zu Michael S. rüber. Der hatte die Original-Gibson SG von AC/DC und einen Marshall-Verstärker mit Box. Das komplette Equipment stand in seinem winzigen, drei mal drei Meter großen Kinderzimmer.

Dort legte er immer irgendeine astreine Platte aus seinem großen Plattenberg auf (auf dem Berg lagen wirklich nur die Platten; die Cover dazu bildeten einen eigenen Stapel), und wir spielten irgendwas dazu.

Einmal war Michaels älterer Cousin zu Gast, der war der Hammer. Der konnte jede Menge authentischer Schenker-Riffs spielen und wußte schon, wie man auf der E-Gitarre quietscht. Er konnte das allerdings nicht erklären, nur vormachen. Aber besser als nichts. (Mittlerweile kann ich das natürlich auch, aber fragt mich bitte nicht, wie ich das mache.)

Manchmal kam Michaels Mutter ins Zimmer und brachte Michael einen Kakao, den guten von Müllermilch. Ich bekam keinen. Während Michael *seinen* Kakao trank, stimmte ich meine Gitarre nach. Wenn Michael fertig war mit Seinen-Kakao-trinken, rockten wir weiter. Solange, bis der Strom weg war, weil sein Vater die Sicherung rausgedreht hatte. Dann packte ich meinen Kram und ging nach Hause. Ohne Kakao.

Zimmerlautstärke

Der Streit um die richtige Lautstärke beim Musikhören und machen ist wahrscheinlich so alt wie die Musik selber. Ich glaube, es war Wilhelm Busch, der dichtete:

> *»Musik als störend wird empfunden,*
> *derweil sie mit Geräusch verbunden.«*

Schon im Neandertal hieß es, wenn einer sein Trömmelchen zu derb trömmelte:
»Rah! Rrruuhh, Groar!«
Und wenn diese Botschaft nicht fruchtete, dann gab's die Keule in die Kiemen.

Wann immer ich früher mit einer neuen Hardrock-Scheibe nach Hause kam und diese Scheibe bei einer Zimmertemperatur von angenehmen einhundertzwanzigtausend Dezibel probelaufen ließ, war es eine Frage der Zeit, bis mein Vater in der Tür stand und rief:
»Bist du eigentlich bekloppt? Mach sofort den Höllenkrach aus, oder ich ruf die Polizei! Das geht auch leiser, Freundchen! Das geht auch auf Zimmerlautstärke!«

Ich darf vorstellen: mein Vater, der Spielverderber.

Frage: Was ist das eigentlich genau, diese »Zimmerlautstärke«? Da stellen wa uns ma janz dumm, wa? Zimmerlautstärke ist – wörtlich genommen – die Lautstärke in *meinem* Zimmer. Soll der Spielverderber doch im Wohnzimmer bleiben, da hat er *seine* Zimmerlautstärke!

Und wer darf eigentlich bestimmen, wie laut genau Zimmerlautstärke ist? Der alte Knochen, der sonntagsmittags Marschmusik hört (übrigens nicht gerade in Zimmerlautstärke!) oder der junge Mann (das bin ICH!), der sich gerade zwei neue Hifi-Boxen mit zweimal fünfhundert Watt reiner Musikleistung gekauft hat? RACKENROULL!

Diese Boxen waren spitze. Die waren von Heco (Hennel & Co. GmbH in 61389 Schmitten in Hessen), hatten ein cremeweißes Gehäuse und kein Gitter vor den Speakern. Das bedeutet im Klartext, sie sahen scheiße aus und waren superempfindlich. Aber sie hatten tüchtig Krachreserven!!! Diese Heco-Boxen waren meine Cruise Missiles im heimischen Wettrüsten um die Zimmerlautstärke.

Kaum hatte ich die neuen Boxen, kaufte mein Vater sich eine neue Wohnzimmertür. Schallschutzklasse A, Bunkerqualität. Es war eine wilde Zeit!

(Warum schreibe ich eigentlich die ganze Zeit »waren« und »hatten« und »sahen«? Ich habe die Boxen doch immer noch. Und die sind immer noch schön laut. Und sehen immer noch schön scheiße aus.)

Für viele deutsche Wörter gibt es im Englischen keine griffige Übersetzung, zum Beispiel »Angst«, »Kindergarten« oder »Zapfenstreich«.

Auch für das Wort »Zimmerlautstärke« gibt es kein geeignetes Pendant, und das aus gutem Grund: Es macht keinen Sinn, dieses Wort zu übersetzen, denn dieses Wort ist Quatsch.

Es gibt nicht »die« Zimmerlautstärke. Es gibt Geräusche, die man mag, und Geräusche, die einem auf den Sack gehen. Die, die man mag, kann man gar nicht laut genug hören, gerne auch durch drei Wände hindurch. Die anderen haßt man wie die Pest, egal, ob sie laut oder leise sind und egal, wo sie herkommen. Und wenn man den Verursacher der Geräusche ausmachen kann, versucht man ihn mit allen Mitteln der menschlichen Kommunikation dazu zu bringen, die Geräusche einzustellen. Oder aufs Maul.

Wenn Eltern ihr Kind Klavier üben hören, rufen sie, ganz gleich, ob der Nachwuchs Etüden spielt oder simple Fingerübungen, entzückt:

»Mach doch mal lauter, laß doch die Tür auf, wir wollen auch was hören!«

Legt das gleiche Kind anschließend bei gleicher Lautstärke ein bißchen Speed-Metal auf, schlägt die Stimmung ruckartig um. Aber so was von ruckartig!

»Bist du wahnsinnig!? Mach den Höllenlärm aus! Was sollen die Nachbarn denken?«

Dasselbe, was sie schon beim Klavierüben gedacht haben: »Morgen seid ihr tot.«

Manche Eltern haben die Angewohnheit, ihre Kinder so dermaßen laut dazu aufzufordern, ihren »gottverdammten Krach jetzt endlich leiser zu machen«, daß sie selber zur Lärmbelästigung für die Nachbarschaft werden, was ihre Glaubwürdigkeit enorm in Frage stellt.

Michaels Vater muß ich diesbezüglich in Schutz nehmen. Zum einen war sein Trick, mittels Sicherungsausdrehen unseren Lärm zu unterbinden, viel galanter und effektiver; zum anderen hatte seine leichte Reizbarkeit einen sehr ernsten Hintergrund: Er hatte ein appes (= fehlendes) Bein, eine alte Kriegsverletzung. Die Phantomschmerzen haben ihm noch im hohen Alter schwer zu schaffen gemacht. Und dann haben wir jungen Schnösel uns auch noch im Rocken geübt. Mann, waren wir unsensibel!

Schnitzel mit Sonderurlaub

Die ersten Rockbands, die wir live erlebten, waren Amateurbands im Fahrradkeller unserer Schule (Eintritt umsonst), semiprofessionelle Bands im Jugendzentrum (für Schüler mit gültigem Ausweis Eintritt frei) und Bandwettbewerbe (für Schüler Eintritt ermäßigt, für teilnehmende Bands Eintritt umsonst).

Die Jungs, die sich da nach Leibeskräften auf den Mehrzweckbühnen mühten, waren meist älter als wir, hatten schon Autos und Freundinnen und das alles, konnten uns musikalisch aber echt nicht vom Hocker hauen. Wir waren bereits mehr als nur gewöhnliche Zuhörer, wir waren angehende Musikerkollegen.

Hin und wieder kamen auch andere Leute aus unserer Schule mit zu Konzerten, Leute, die einfach nur Spaß haben wollten. Aber Michael und ich, wir waren anders gestrickt. Einfach nur Spaß haben war nicht unser Ding. Wir wollten lernen.

Wir waren sehr kritisch. Vor Beginn der Show sahen wir uns immer ganz genau das Equipment der Bands an, die Verstärker, Instrumente, Effektgeräte – eben alles, womit die Kollegen so arbeiten. Viele der Geräte kannten wir aus Testberichten im »Fachblatt Musikmagazin« und wußten, da gibt es was Besseres. Wenn wir ein Gerät oder Instrument sahen, das wir nicht kannten, schrieben wir am nächsten Tag einen Leserbrief ans »Fachblatt«, zusammen mit einem Foto des Instruments.

Während des Konzerts standen wir hinten am Mischpult, weil da nämlich der Sound am besten ist. Das wußten wir aus dem »Fachblatt«. Breitbeinig, Jacke an und mit verschränkten Armen verbrachten wir dort den Abend. Gehörschutz kam für uns nicht in Frage, denn der filtert die Höhen, und das klingt nicht gut. Auch das wußten wir aus dem »Fachblatt«. Hin und wieder ging einer von uns zum Getränkestand und holte zwei Cola. Der andere hielt solange den Platz frei.

Vorne, wo die Mädels tanzten, war die gute Stimmung, aber hinten am Pult war der gute Ton. Weiber interessieren sich ja leider nicht für den guten Ton. Deshalb waren die vorne und wir hinten. Du kannst halt nicht alles haben beim Konzert.

Richtig beeindrucken konnte uns eigentlich keine dieser frühen Amateurbands. Okay, das eine oder andere Gitarrensolo fegte schön was weg, und diese eine Backgroundsängerin hatte auch tüchtig Resonanzkörper in der hautengen Bluse mit nix drunter, aber ansonsten ... ? Nö.

Hin und wieder schaffte es eine der älteren Bands, über die Grenzen der Stadt hinaus bekannt zu werden. Das war dann schon respektabel. Allerdings nahmen die auch an jedem Bandwettbewerb teil, an Amateur-Wettbewerben, die eigentlich den blutjungen Anfängern zugedacht waren, also uns. Aber wir konnten noch nicht teilnehmen, wir hatten ja noch keine Band.

Oft gewannen die Älteren diese Wettbewerbe, heimsten den Preis ein, zum Beispiel wertvolle Studiotage, und gingen nach Hause. Die Demos, die sie in dem Studio aufnahmen, konnten wir dann beim nächsten Konzert als Kassette kaufen. Den Gefallen haben wir ihnen aber nicht getan. Da blieben sie ganz schön auf ihren beknackten Tapes sitzen.

Und dann war irgendwann die Luft raus: Der Sänger mußte zum Bund, die Resonanzkörperfrau wurde schwanger, und der Gitarrist mußte wegen einer Sehnenscheidenentzündung die Gitarre an den Nagel hängen. So, das hatten sie nun davon, daß sie unseren Karrieren den Weg verbauten. Arschgeigen.

Ich erinnere mich an einen ganz besonders schön vergurkten Auftritt einer Heavy-Rock-Band im Rahmen eines Wettbewerbs in Mülheim an der Ruhr. Das Licht im Saal des Jugendheims ging aus, Nebel waberte empor, ein düster-atmosphärisches Intro begann, und die Band ging auf die Bühne.

Kurz vor Ende des Intros, die Jungs standen schon auf den Brettern und waren bereit loszulegen, machte die Heimleiterin das Saallicht an und bemerkte, »daß noch einige Freunde der Musiker ihren Eintritt nicht bezahlt haben«, und das sei ja ... das ginge so nicht, die müßten jetzt mal nach vorne kommen und zahlen, so könne man nicht weitermachen, sie hätte ja auch Unkosten, »und wenn das so nicht funktioniert, findet im nächsten Jahr der Wettbewerb nicht mehr statt, und das habt ihr euch dann selber zuzuschreiben, und am Grill ist Schnitzel fertig.«

Während der gesamten Ansprache standen die Jungs der Band wie Ölgötzen auf der Bühne. Die Dramaturgie war, wie man so schön sagt, »im Arsch«. Wir lachten uns ins Fäustchen.

Den Wettbewerb gewann dann eine der anderen älteren Bands. Deren Gitarrist konnte Feuer spucken und hatte extra für den Auftritt einen Tag Sonderurlaub genommen. Hat aber nichts genützt. Von der Band hörte man später nie wieder was.

Im großen und ganzen war das alles irgendwie ganz nett, aber es war noch nicht die Sorte Konzert, die einen so richtig packen, mitreißen und für den Rest des Lebens gefangen halten konnte. Das wußten wir, das spürten wir. Was wir sehen wollten, war etwas ganz anderes, etwas Besonderes, etwas, das die Welt so noch nicht gesehen hat. Was wir sehen wollten war ein richtiges Rock-Ereignis, ein Rock-Event. Und was soll ich sagen? Er kam, er stand unmittelbar bevor, dieser Rock-Event. Mit riesigen Schritten und auf stählernen Sohlen kam ein Hardrock-Festival ins Ruhrgebiet einmarschiert, von dessen Macht und Kraft noch heute voller Ehrfurcht an den Theken der Festival-Bierstände gesprochen wird:

MONSTERS OF ROCK

Monsters of Rock

Das '83er MONSTERS OF ROCK war mein erstes richtiges Rockkonzert. MONSTERS OF ROCK in der Westfalenhalle Dortmund am 2. September 1983 zum Eintrittspreis von 33 Mark zuzüglich Vorverkaufsgebühr, und man tat gut daran, den Vorverkauf zu nutzen, denn es hieß, MONSTERS OF ROCK, diese jährlich stattfindende internationale Festivalreihe, sei immer ausverkauft.

Eintrittskarten für Rockkonzerte waren viel, viel hübscher als heute. Die Original-Bandnamen standen mit Logos auf den Karten, alles in Farbe und manchmal mit einem Foto der Band und zusätzlich noch einem extra für das Festival gestalteten Monstermotiv. Heute gibt es einen doofen Computerausdruck in Standardschrift mit Sicherheitsbarcode und einem Laserhologramm als Kopierschutz drauf. Ein Monster wäre mir lieber.

Wir waren fünf Jungens, die damals von Essen nach Dortmund zum MONSTERS pilgerten: der Dicke, der Lange, der Knülle, der Spickes und ich, allesamt prima Pfadfinderkumpels. Michael konnte nicht mitkommen, denn der hatte seine Karte verbummelt, und für eine Ersatzkarte bekam er von seinen Eltern kein Geld.

Wir fünf waren echte Greenhorns, MONSTERS-Neulinge, Metal-Anfänger, Dilettanten. Wir trugen keine Metal-T-Shirts, denn wir hatten noch keine. Knülle hatte sich eines aus einem alten Turnhemd selber gebastelt. Er hatte »Ac-Dc« auf ein weißes

Leibchen gesprüht. Das war echt keine Lösung, noch nicht mal eine Notlösung. Das war glatter Selbstmord.

Weißes Shirt geht für Metal mal überhaupt nicht, und das selbstgemalte »Ac-Dc«-Logo war auch ziemlich suboptimal und megapeinlich.

Original   *Fälschung*

Auf dem Hinweg waren wir zu fünft, auf der Rückfahrt nur noch vier. Knülle war weg. Ich vermute mal, sein Verschwinden hatte irgendwas mit seinem T-Shirt zu tun. So ist der Metal: Er fordert seine Opfer.

Aber soweit sind wir ja noch gar nicht, wir sind ja noch auf dem Hinweg. Also bitte: Wir fuhren mit dem Zug bis Dortmund-Hauptbahnhof und gingen von dort zu Fuß in Richtung Westfalenhalle. Das ist nicht gerade ein kurzer Weg, und es hätte bestimmt auch eine Straßenbahn zur Halle gegeben, aber wir hätten jemanden fragen müssen, und jemanden Fremden ansprechen ist etwas, das ein fünfzehnjähriger verklemmter Heavy-Metal-Fan zum Verrecken nicht tut.

Gegen 17.00 Uhr erreichten wir mit platten Füßen unser Ziel. Vor der Halle herrschte bereits Gedränge. Logisch, ist doch Metal! An den Büschen und Bäumen pinkelten und kotzten alkoholisierte wahlberechtigte Mitbürger. Logischissdometal!

Fliegende Händler (die nicht fliegen konnten) verkauften gefälschte Band-T-Shirts zu Niedrigpreisen. Das war moralisch verwerflich. Wir kauften diese Schrott-Shirts dennoch, weil sie billig waren. Die mindere Qualität und die Fehler im Druck bemerkten wir erst viel später, aber da war es zu spät für Reklamationen. Die gemeinen Betrüger waren längst über alle Berge geflogen (auf einmal konnten die doch fliegen).

Als gegen 19.00 Uhr ein gläubiger Metal-Bruder quer über den Vorplatz »Einlaß« bölkte, lagen die ersten wahlberechtigten Metal-Brüder schon schlafend in ihren Exkrementen. Schade um die Eintrittskarten.

Wer noch konnte, ging nun in die Halle. Genauer gesagt ließ er sich von der Menge, die in Richtung Eingang drängte, mittreiben. Es gab kein Entrinnen mehr.

In dem Bereich vorm Eingang, wo die Heavy-Viehherde mit groben Stahlzäunen auf schmale Wege Richtung Eingangstür geleitet wurde, stapelten sich leere Bierdosen auf dem Boden. Weil man nämlich kein Bier mit reinnehmen durfte, mußten alle mitgebrachten Vorräte vor der Halle verzehrt werden. Eine Aufgabe, die für einen Headbanger nun wirklich kein unlösbares Problem darstellt, eher eine sportliche Disziplin.

Wenn man die Bierdosenbarriere überwunden hatte, wurde man von einem Hell's Angel gefragt, ob man was zu verzollen hat. War das der Fall, flog man im hohen Bogen aus dem Pulk heraus, mußte seine Fotoapparate, Bomben und Stichwaffen irgendwo vergraben und sich noch mal hinten anstellen. War dies nicht der Fall und man hielt zu allem Überfluß auch noch ein gültiges Ticket in der Hand, durfte man eintreten.

Westfalenhalle Dortmund – der Rockschuppen des Ruhrpotts! Groß und dreckig. Binnen kürzester Zeit war der Boden übersät mit Plastikbechern und Pommesschalen. In den Gängen rund um die Innenhalle waren die Stände mit dem offiziellen Merchandising der Bands aufgebaut. Die Shirts waren hier drin dreimal so teuer wie draußen bei den Fliegenden. Wir lachten uns ins Fäustchen.

Der Boden der Innenhalle war mit einer gleichmäßigen Schmierschicht aus eingetrockneten Getränkeresten überzogen. Bier und Cola aus hundert Jahren Musikgeschichte waren hier vereint. Uns war klar: Hier lassen Menschen sich gehen, hier wird oft und gerne gefeiert, hier wird nicht geputzt.

Jeder trank noch ein, zwei Cola, dann war unser Restgeld alle – und schwupps – kam Langeweile auf, – und schwupps – stand man rum – und schwupps – ging irgendwas zu Bruch – und dann fing es auch bald an.

Hier das Line-up des 1983er M.o.R.:

TWISTED SISTER
Twisted Sister waren geschminkt. Das durften die eigentlich nicht, das hatten nämlich Kiss erfunden und sich patentieren lassen, aber... ach komm, Schwamm drüber. So ist der Metal: gnädig zu allen, die Gnade verdienen.

Der Sänger von Twisted Sister, Dee Snyder, erinnerte mich mit seiner Hakennase und seinen dämonischen Augen ein bißchen an die Hexe aus dem Film »Der Zauberer von Oz« und mit seinen langen Locken an die Loreley.

Der größte Hit von Twisted Sister war »We're Not Gonna Take It!« Das wichtigste Album von Twisted Sister hieß »Stay Hungry«. Das haben sie im Jahr 2004 in Ermangelung neuer Ideen einfach noch mal komplett neu aufgenommen. Titel: »Still Hungry«. Ha! Da mußt du erst mal drauf kommen! »Stay Hungry« – »Still Hungry«. Genial. So ist der Metal: clever und smart.

Weiter im Line-up des M.o.R.:

MOTÖRHEAD
Motörhead, die Band von oben erwähntem Lemmy, kannte ich bis dato nur vom Hörensagen. Doch was ich gehört hatte, machte mich neugierig. Es hieß, sie sollten den Rekord halten, die lauteste Band der Welt zu sein, und galten als Wegbereiter des Speed-Metal. Das klang doch sehr vielversprechend.

Umbau, Licht aus, Spannung ... und dann sah ich etwas sehr Geheimnisvolles: Der Mann am Mischpult, offensichtlich der Mischer der Band, drückte am Pult einen Knopf und hielt sich im nächsten Moment die Ohren zu.

Plötzlich brach ein Dröhn-Tsunami über uns herein, den man mir vorher so nicht hätte mit Worten vermitteln können. Es rummste, es dröhnte, es plärrte, es zerrte, wir verstanden kein Wort, aber wir waren eingeweiht. We are Motörhead. GEIJELLE!

Lemmy, das Warzenwesen am Galgenstativ, dessen Galgen so hoch justiert war, daß das Mikro über seinem Rachen hing, röhrte uns Geräusche in die Gehörgänge, die wir so nicht kannten. Daß es zu diesem Ereignis Songtexte gab, fand ich erst später heraus, als ich das erste Plattencover von Motörhead in den Händen hielt.

Hier beispielsweise der Text zu »Overkill«:

»Only way to feel the noise is
when it's good and loud
So good you can't believe it's
screaming with the crowd
Don't sweat it, get it back to you,
overkill, overkill«

Gesungen klingt das ungefähr so:

Ouniwäyafielänoisiswhenisguddanaudd
Rrooarguddyakenntbiliewiskriemingithäkraut
Douätit, kickitbackäyuh,
Dobermann, Dobermann.«

Lemmys Baß deckte alle dem menschlichen Gehör vertrauten Frequenzen großzügig ab, darunter auch die einer fetten Rhythmusklampfe. Der Mann an der Stromgitarre mußte lediglich ein paar melodische Ergänzungen einwerfen, fertig war der extrafette Motörhead-Sound.

Übrigens: Wenn man beim Spielen der »Stromgitarre« eine gewischt bekommt, ist sie offensichtlich eine »Schlaggitarre«. (Zitat aus dem »Kleinen Gitarren-Brevier«)

Lemmy himself *Lemmy als Hotzenplotz*

Lemmy gab uns, zusammen mit Donner-Drummer Philthy »Animal« Taylor und »Fast Eddie« Clark an der »Stromgitarre«, genau das auf die Ohren, was sie verdienten: Tinitus.

Weiter im Line-up:

SAXON
Saxon haben mich damals nicht wirklich berührt. Ihr Sänger hieß Biff, und dieser Name ist kacke, denn Biff war in den 70er Jahren auch der Name eines Haushaltsreinigers, und in »Zurück in die Zukunft« war Biff der blöde Heini, dem alle ständig auf die Stirn klopften und fragten: »Hallo! Jemand zu Hause?«

Aber eines muß man anerkennend sagen: Alle drei Biffs gibt es noch heute – den Haushaltsreiniger, den Sachsensänger und den Biff aus »Zurück in die Zukunft« (als DVD-Box). Biff, Biff und Biff forever. Getreu dem Werbeslogan von WDR 4: »Gutes bleibt.«

Nächste Band:

THIN LIZZY
Thin Lizzy mit dem verstorbenen und von der Metal-Gemeinde mittlerweile selig gesprochenen Bassisten und Sänger Phil Lynott.

Phil Lynott hatte auf seinem Baß ein spiegelndes Schlagbrett, mit dem er das Licht eines Scheinwerfers quer durch die Halle reflektieren konnte! Das war astrein. Phil Lynott trug seine engen Lederhosen stets eine Nummer zu klein. Alter Heavy-Trick! Das kniff im Schritt, das konnte man sehen. Und dann passierte das, was passieren mußte: Die Buxe platzte ihm am Arsch weg! Kawumm!

Dieses peinliche Erlebnis muß Phil Lynott so dermaßen aus der Bahn geworfen haben, daß er beschloß, die Band aufzulösen. Zwei Tage später, am 4. September 1983, spielten Thin Lizzy in Nürnberg ihren allerletzten Gig. Schade, schade, schade.

Ein ganz besonderes Markenzeichen von Thin Lizzy waren die zweistimmigen Gitarrensoli, die sogenannten »Double-Leads«. Rechts und links von »Holy Phil« standen sie, die zwei Gitarrenhelden, die mich bis heute nachhaltig beeindruckt haben. Die Namen habe ich leider vergessen.

Der rechte Gitarrist hatte langes, blondgelocktes Haar und sah von weitem aus wie ein Engel. Er trug einen engen weißen Kordanzug (das ging damals) und spielte eine weiße Gibson Les Paul, genannt »Paula«.

Gitarren werden gerne mit Frauen verglichen. Schöner Hals, knackig tailliert, mit Rundungen an Stellen, wo man sich als Mann Rundungen wünscht. Und hinsichtlich der Anschaffung hat eine Gitarre gegenüber einer Frau sogar noch Vorteile: Eine Gitarre ist eine Anschaffung von bleibendem Wert. Welche Frau kann denn das wirklich von sich behaupten? Hähähä. Na, Mädels, wie war der? Mädels? MÄDELS?

... tschüss ...

Pling! Fünf Euro in die Chauvikasse.

So, Jungs, jetzt sind wir unter uns. Weiter im Text: Der zweite Gitarrist von Thin Lizzy trug als Kontrast zu seinem Kollegen einen schwarzen Kordanzug, ebenfalls sehr eng geschnitten, und spielte ebenfalls eine Gibson Les Paul. Ich will es nicht beschwören, aber ich denke, die Gitarre war schwarz. Wenn ich doch bloß auf die Namen der Gitarristen käme. Wie hießen die noch gleich?

Ich guck mal eben bei Rockipedia. Ah! Da hab'ich's: Scott Gorham und John Sykes. Cooles Duo, die beiden. John Sykes war ein echter Schönling. Haare wie ein Rauscheengel, Figur wie ein Athlet. Ich glaube, der hat zwischendurch auch als Model gejobbt.

Ich konnte mich den ganzen Abend über nicht entscheiden, welcher der beiden Gitarreros nun mein Lieblingsgitarrist werden sollte. Letztendlich wurde es keiner von beiden. Später machte Gary Moore das Rennen, obwohl der im Vergleich zu den Lizzy-Boys echt kacke aussah. Gary Moore machte vor seiner Langweiler-Bluesphase, die bis heute anhält, einen feinen Hard-Rock und spielte eine ganz unglaubliche Soloklampfe. Seine unschönen Gesichtsnarben verdankt er einer Attacke eines besoffenen Zechers, der in einem Pub mit einer zerbrochenen Bierflasche auf ihn losging. So ist der Metal: Er achtet nicht auf Äußerlichkeiten, sondern auf innere Werte. Außer bei Frauen. Pling!

Kommen wir nun zum Headliner dieses denkwürdigen Abends:

WHITESNAKE

... wirken lassen... Ich sage es noch mal (oder auf englisch: »Here I Go Again«): WHITESNAKE! WHITESNAKE! WHITESNAKE!

Whitesnake, auf deutsch soviel wie »Pimmel« (ja, was glaubt ihr denn, was »Whitesnake« bedeutet?). Am Mikro: David Coverdale. An den Gitarren: Micky Moody und Mel Galley (Bernie Marsden, falls den noch jemand kennt, war kurz zuvor ausgestiegen). Die

Orgel bediente John Lord, ehemals Deep Purple, und hinter den Drums saß Cozy Powell.

Cozy Powell – wir nannten ihn ehrfürchtig »Crazy Power«. Während seines Schlagzeugsolos lief ein Klassikorchester vom Band mit. Geilomat! Daß ich DAS erleben durfte!

Cozy Powell ist leider schon tot, hat sich beim Autorennen selbst zerlegt. Das rockt! Wenn ihr sein Drumsolo mal sehen wollt, hier ein Tip: Es gibt aus der Reihe »Critical Review« eine unautorisierte Rainbow-DVD, auf der ein Ausschnitt des Klassik-Drumsolos zu sehen ist. Zieht's euch rein! Wenn ich nur dran denke, hab' ich schon wieder Pipi in der Hose.

Zusammengefaßt passierten an diesem Abend in Dortmund eine Menge Dinge, die wir mit unserem kleinen Pennälerverstand nicht erfassen konnten. Meine erklärte Devise nach diesem Abend war eindeutig: ab nach Hause, weiter üben. Und herausfinden, wo unser fünfter Mann abgeblieben war. Und überlegen, wie wir seiner Mutter den Verlust ihres Sohnes erklären sollten. Und ihr Tips geben, wo sie einen neuen herbekommt.

Mein zweites großes Rockfestival war ein Open-Air im Sommer '85 irgendwo in der Nähe von Mannheim. Diesmal fuhren wir bereits mit dem Auto, und Michael war auch dabei. Deep Purple waren Headliner, Meat Loaf spielte im Vorprogramm.

Es war sehr voll, sehr heiß und sehr eng. Bei Meat Loaf (»Fleischklops«) stand ich ganz vorne, was eigentlich Quatsch war, denn Meat Loaf war so fett, den hätte ich auch aus dreihundert Meter Entfernung sehen können.

Nach Meat Loaf wollte ich mich nach hinten begeben, wo es nicht so eng war. Allerdings war ich wohl der Einzige, der übersehen hatte, daß direkt nach Meat Loaf die Herren Purple spielen würden. Also drängte ich nach hinten, während einhundertzwanzigtrilliarden Menschen nach vorne wollten. Ich bekam es mit der Angst zu tun und schlug um mich. Seit jener Zeit meide ich Massenveranstaltungen.

Trotzdem waren Deep Purple ganz prima. Das unvermeidliche Gitarrensolo von Richie Blackmore lief in Quattro. Nicht einfach nur Stereo, sondern Quattro. Dafür waren vier PA-Türme auf dem Gelände installiert worden. Das Gitarrensignal machte die Runde, wanderte von einem Boxenturm zum nächsten, immer im Kreis, rund ums Auditorium. Irre! Wie kommt man bloß auf so eine Idee?

Auf dem Nachhauseweg fuhren wir eine Tankstelle zum Pinkeln an. Genau genommen war es die Tankstelle, die *alle* zum Pinkeln anfuhren. Bis wir endlich an die Töpfe kamen, waren sie verstopft, und die Pisse der Vorgänger füllte bereits den halben Boden. Und schon gab es eine neue Sportart: Weitpinkeln! So ist der Metal: Er gönnt dem Wasser seinen Lauf!

Guter Rock macht unsterblich, schützt aber nicht vor Haarausfall! (siehe die Scorpions). Einige der Bands, die wir damals erleben durften, sind auch heute noch, also über zwanzig Jahre später, aktiv. Saxon, Deep Purple und Motörhead touren nach wie vor, und Twisted Sister sind nach längerer Bühnenabstinenz auch wieder zur Stelle.

Das Erbe von Thin Lizzy wird bis heute von einigen der noch lebenden Ex-Mitglieder in Liebe und Ehre hochgehalten. Und Whitesnake, die vor kurzem ihr 25-jähriges Bühnenjubiläum feierten, haben eine Live-DVD rausgebracht, von der man noch lange zehren wird.

Respekt. Wenn Tokio Hotel in zwanzig Jahren noch was zu melden haben, werde ich anfangen, ihnen Tribut zu zollen. Vorher nicht.

Selbstgebrannter Stoff

Für jeden echten Musikfan ist das Zusammenstellen der perfekten Plattensammlung sowie deren Hege und Pflege eine Aufgabe auf Lebenszeit, noch vor Haus bauen, Kind zeugen und Baum pflanzen.

Jede Neuerscheinung, die sein Fanherz anspricht, weckt in ihm dieses eine Gefühl: »Haben will!« Dann kauft er sich die Scheibe, hört sie sich ein paarmal kritisch an, macht sich eine Kassettenkopie für im Auto, sortiert die Platte ins Regal ein und fertig.

Vielleicht schreibt er eine Plattenkritik und schickt die unaufgefordert an ein Musikmagazin. Hin und wieder wird die Scheibe noch mit Kollegen auf Feten, in der Schule oder auf der Arbeit besprochen, aber nach ein paar Wochen ist das Thema durch. Die Scheibe wurde von der Sammlung assimiliert.

Eine richtig gute Plattensammlung kostet viel Geld. Geld, das man in der Jugend nicht hat. Deshalb kommt einem jeder Geburtstag, jede Weihnacht, jeder Ferienjob sowie jede andere Möglichkeit zum Geldreinholen wie gerufen.

Laßt mich mal eben eine kleine Bestandsaufnahme machen, welche Vinylschätze sich bis zu jenem Zeitpunkt in meiner Plattensammlung eingefunden hatten:

– Winnetou
– Die kleine Hexe
– Club Top 13 (fünf Stück)
– Club Top Hit Mix (drei Stück)
– Boney M, »Nightflight To Venus«
– Kraftwerk, »Die Mensch-Maschine«
– Kiss, »Alive II«

sowie eine Harry-Belafonte-Platte und eine »Elvis Greatest Hits«-LP, beide von meinem Vater abgestaubt.

Dazu kamen noch einige Musikkassetten, die ich während meiner kurzen und schmerzlosen Klau-Phase wahllos beim Club-

Center habe mitgehen lassen, quasi als Rache für ihr beschränktes Musiksortiment.

Ich nenne diese Phase »kurz«, weil sie nur ein paar Wochen andauerte, dann bekam ich Muffensausen und hörte auf. Ich nenne diese Phase »schmerzlos«, weil ich nicht erwischt wurde, toi toi toi.

Lieber Vater! Solltest du das hier lesen, sei bitte nicht entsetzt. Und mal ganz ehrlich, der Bertelsmann-Club war doch auch Mist, oder nicht? Wie oft mußtest du zum Quartalsende eine Zwangsbestellung aufgeben und hast im Katalog wieder nichts gefunden, was dir gefallen hätte. Wie auch, das Sortiment war ja unter aller Kanone. Die hatten vieles von Günther Noris und alles von James Last, aber das hattest du ja schon längst. Und von Kiss und Scorpions hatten die gar nichts, somit war auch für mich nichts dabei. Kann man denen das durchgehen lassen? Nein, man kann es nicht. Also: Strafe mußte sein. Apropos Strafe: Wann verjährt eigentlich Ladendiebstahl?

Unter meinem Diebesgut befanden sich Tapes von Uriah Heep, Jethro Tull und Supertramp. Allessamt schreckliche Musik. Ich habe nicht ein einziges dieser Bänder jemals ganz durchgehört. Das ist die doppelte Bertelsmann-Rache: Erst Musik klauen und dann nicht anhören. Boah, muß der Bertelsmann sauer sein, wenn er das erfährt.

Nach dem Besuch des »Monsters of Rock« mußte meine Sammlung schnellstmöglich um ein paar Exponate von Motörhead erweitert werden, und Weihnachten stand vor der Tür. Also wünschte ich mir von Oma »Ace Of Spades« und »No Sleep 'til Hammersmith« (das erfreulichste Stück Live-Metal, das man einem jungen Mann schenken kann).

Nun ist es so, daß die Aufmachung von Heavy-Scheiben ebenso wie die Inneneinrichtung eines Plattenladens, der eben diese Heavy-Scheiben im Sortiment hat, auf Unwürdige – also Mütter, Väter, Omas etc. – eher abschreckend wirkt.

In solchen Läden wimmelt es von Monstern, Drachen und Teufelsanbetern – dem Personal eben. Der Laden selber ist dunkel eingerichtet, schwach ausgeleuchtet und schlecht gelüftet. Zumindest stellen sich Mütter, Väter und Omas das so vor.

Natürlich mußte meine Oma nicht selber in so einen Plattenladen gehen. Das erledigte ich für sie. Inzwischen hatte ich nämlich entdeckt, daß es neben dem Club-Center auch richtige Plattenläden in unserer Stadt gab. Der kultigste Laden war der *Rock-Store* in Essen-Steele, da war der Name schon erste Sahne. Der Inhaber hatte den absoluten Überplan in Bezug auf Musik. Dem konnte man ein Lied vorpfeifen, nur die Melodie, ohne Text, und er wußte sofort, was man meinte. Und hatte den Song in mindestens drei verschiedenen Versionen auf Lager. Dort war ich regelmäßig zu Besuch.

Den *Rock-Store* gibt es übrigens noch immer, in Essen-Steele am Grendplatz 7. Also, wenn ihr mal in Essen-die-Einkaufsstadt seid, fahrt vorbei und pfeift ein Lied. Oder besucht seine Homepage: rockstore-essen.de, »Feinstes Vinyl seit 1976«.

Das Einpacken der Platten übernahm meine Mutter, und beim Auspacken war Oma auch nicht dabei. Ich mußte sie nur nach dem Auspacken anrufen und »Frohe Weihnachten« sagen und ein Gedicht und daß ich mich sehr über ihr Geschenk freue. Und das war nicht gelogen!

Wäre Oma beim Auspacken dabei gewesen und hätte sie das Kriegsflugzeug auf dem Cover von »No Sleep ...« gesehen und die Songtitel »Bomber« und »Overkill« gelesen, wären womöglich alte Kriegserinnerungen wach geworden, und das wollte ja niemand. Es war ja Weihnachten.

Eine Plattensammlung sagt eine Menge aus über den Besitzer. Wenn ich heute auf Partys bin bei Leuten, die ich nicht gut kenne, schaue ich mir immer erst mal deren Plattensammlung an. Zum einen kann man auf diese Art und Weise lästigen Smalltalk-Attacken wildfremder Personen entgehen, zum anderen lernt man den Gastgeber besser kennen. Was hört er (oder sie)? Hört er (oder sie) Heavy, Pop, Jazz? Kauft er (oder sie) selber oder brennt er (oder sie) lieber?

Hier ein paar Plattensammlungsanalysetips, die ich im Laufe der letzten Jahre zusammengestellt habe: Wenn jemand heute, zu Beginn des neuen Jahrtausends, überhaupt keine CDs besitzt, nur Vinyl, dann arbeitet er entweder als DJ oder ist ein richtig alter Sack.

Bei CDs achte man bitte auf das Mischungsverhältnis von gekauften und gebrannten CDs. Wenn überwiegend Selbstgebranntes rumliegt, ist der Besitzer offensichtlich sehr, sehr arm oder sehr, sehr geizig. Ist Letzteres der Fall, spricht man vom sogenannten »Kulturschnorrer«. So jemand gibt kein Geld für Musik aus, er (oder sie) kopiert sich alles zusammen. So jemand geht nur auf Benefiz-Konzerte, wo der Eintritt frei ist. Typisch für ewige Studenten und Frauen. Pfui, pfui, pfui!

Bei selbstgebrannter Musik gibt es ferner geschlechterspezifische Unterschiede:

– Ein Mann schreibt die Musiktitel auf den CD-Rohling. Zusätzlich wird ein Cover mit den Längen der Titel ausgedruckt, den Namen der Komponisten, dem eigenen Namen, falls man die CD mal verleiht (was kein Mann gerne tut) und der Kennziffer, unter der die CD ins Regal gehört.

– Eine Frau gestaltet ein Cover mit einem Sonnenuntergang oder einem Pferdeapfel oder ähnlichem. Der Rohling bleibt unbeschriftet. Am Morgen nach einer Party sitzt sie mit einer Tasse Kaffee vor den zwei Haufen – dort die CDs, hinüben die Hülsen – und verzweifelt an der Aufgabe, die blanken Rohlinge und die bunten Hüllen wieder zusammenzusortieren. Sie läßt es bleiben, holt sich noch einen Kaffee und ruft ihre beste Freundin an.

Interessant ist auch die Ordnung in einem Plattenregal. Es gibt verschiedene Möglichkeiten, Platten zu sortieren:

Keine Ordnung im Plattenschrank

Das ist zwar grundsätzlich irgendwie sympathisch, zeugt aber nicht von Ehrfurcht gegenüber der Kunstform Musik. Frag so jemanden mal aus Spaß, wo er die Nightwish-CD hingelegt hat, die du ihm mal geliehen hast. Er wird sich nicht daran erinnern können, aber es wird ihm peinlich sein, und deshalb wird er dir aus Verlegenheit irgendeine andere schöne CD mitgeben. Du hast die freie Wahl. Greif zu!

Die Platten sind grob alphabetisch geordnet

Das ist wahrscheinlich die am meisten verbreitetste Art, Platten zu sortieren. Da kann man nichts falsch machen. Allerdings können bei dieser Methode Lieblingsplatten über Jahre im System verschwinden. Nicht geeignet für Menschen mit Verlustangst. Wobei die Freude des Wiederfindens nicht zu unterschätzen ist!

Die Platten sind penibel alphabetisch geordnet

Das ist super, wenn man schnell eine bestimmte Platte sucht, aber blöd, weil man nach Neukäufen regelmäßig umschichten muß, um Platz zu schaffen, weil alles lückenlos im Regal steht und man nicht einfach hinten anbauen kann.

Platten sind sortiert nach Anfangsbuchstaben, mit Untergruppen »zweiter Buchstabe«, »Rock«, »Pop«, »Reggae« etc.

Der Besitzer dieser Sammlung ist zu hundert Prozent männlich, hat definitiv zuviel Freizeit, keine feste Beziehung und schwer einen an der Klatsche. Vorsicht! Wenn der anfängt, mit euch die Qualitäten der verschiedenen Sänger von Black Sabbath zu diskutieren, seht zu, daß ihr Land gewinnt.

By the way, wer bekommt denn alle Sänger von Black Sabbath zusammen? Na, na, na? Strengt euch mal ein bißchen an.

Also, mir fallen da ein: Ozzy Osbourne, Ronnie James Dio, Ian Gillan, Glenn Hughes, Ray Gillen, sowie Tony Martin. Aber da fehlt doch noch einer, oder?

Wußtet ihr übrigens, daß Black Sabbath ihren Namen von einem Horrorfilm aus dem Jahr 1969 mit Boris Karloff abgeleitet haben? Nicht? Ich auch nicht. Seht ihr, haben wir wieder was gelernt.

Kuscheln ist kein Metal!

Ich finde, wir Rocker haben echt die beste Plattensammlung der Welt im Schrank, oder? Jedesmal, wenn ich mich durch mein Musik-Antiquariat höre, denke ich: Gott, bin ich froh, daß ich kein Jazzfan bin! Ich hätte nur langweilige Dreckschlörren im Schrank stehen.

Leider haben viele unserer coolen Rockplatten ein unschönes Manko, einen Schandfleck, ein musikalisches Ekzem. Die Rede ist von der sogenannten »Rock-Ballade«. Mal ehrlich, Jungens, wer braucht die? Rock-Balladen sind echt für nix zu gebrauchen, höchstens zum Mädels rumkriegen oder für das Abschlußbild bei »Nur die Liebe zählt«.

ROCK und BALLADE – das sind zwei Wörter, die der liebe Gott getrennt voneinander geschaffen hat. Da soll der Mensch nicht hergehen und versuchen, sie mit Gewalt zusammenzumatschen.

Wir Business-Experten kennen natürlich den werbestrategischen Vorteil von Rockballaden: Sie werden im Radio gespielt. ABER DAS IST DOCH NOCH LANGE KEIN GRUND! »To Be With You« von Mr. Big oder »More Than Words« von Extreme haben mir damals die Freude am Radiohören empfindlich verdorben. Wißt ihr, daß diese zwei Bands eigentlich schweinegeilen Knüppelrock gespielt haben? Nicht, oder? Aber woher auch? Wenn so eine Schnulzsülze das Erste und Einzige ist, was man von einer Band zu hören bekommt, wie soll man denn da ahnen können, was für ein Potential sich in ihr versteckt.

Es gibt nur einige wenige Rock-Balladen, bei denen sogar der Ältestenrat der Rocker ruft: »Die lassen wir gelten. Die sind okay!«

Dazu gehören unter anderem »Stairway To Heaven« für die Unverbesserlichen, »Nothing Else Matters« für die Metallicker und »My Immortal« von Evanescence für die Kajalfraktion. (Weiß jemand, wie man »Evanescence« richtig ausspricht?) Und für die Kiss-Fans gilt »I Still Love You« vom »Creatures Of The Night«-Album.

Der ganze andere erbärmliche Rest gehört in die große Tonne, in der bereits so Schmankerl wie »Carrie« von Europe, »Dreamer«* von Ozzy Osbourne, »Cold Winter Nights« von Accept sowie der komplette Scorpions-Kuschel-Katalog versenkt wurden.

Ich als Rockfan habe meine Prinzipien. Ich weiß, was ich mag, und ich weiß, was ich nicht mag. Da gibt's keine Diskussion. Da sind die Freund- und Feindbilder klar umrissen. Und wenn mich ein Gitarrenschüler fragt, wie man »Life Is Life« von Opus spielt, den lasse ich zur Strafe Triolen-Zählen üben. »Life Is Life« – du liebe Güte! Da hört sich doch alles auf!

»Aber das ist doch gar keine Ballade...?«
»Halt die Klappe und zähl weiter.«
»Eins-e-und-zwei-e-und...!«

---

* Der Verleger weist darauf hin, dass er – aus welchen seltsamen Gründen auch immer – »Dreamer« nach »War Pigs« für einen der besten Ozzy-Osbourne-Songs aller Zeiten hält.

Verkniffen und verklemmt

Der Heavy-Metal-Fan ist ein von Natur aus eher scheuer und ruhiger Typ (wenn man ihn nicht reizt), der aber sehr genau weiß, wen er mag und wen er nicht mag. Allerdings fällt es uns extrem schwer, demjenigen das auch zu sagen. So kenne ich es von mir, und so kenne ich das von anderen. Machen wir uns nichts vor, der Großteil von uns lautstarken Metal-Warriors ist verkniffen und verklemmt. Außerdem muß man dem Heavy-Fan ankreiden, daß er ziemlich unpolitisch ist. Klar, die ganz großen Feindbilder wie George W. Bush, Al-Qaida oder das Dosenpfand bekommt er schon mit, aber wenn es um weltwirtschaftliche Details geht oder außenpolitisch wird, winkt er schnell ab. Wenn ich beim Zappen die Wahl zwischen einer Diskussionsrunde zum Nahost-Konflikt, der TV-Premiere von Spiderman III und dem Arte-Themenabend über das Lebenswerk von Dolly Buster habe, nehme ich Spiderman III und schalte in den Werbepausen zu Arte, um beim nächsten Metal-Stammtisch mitreden zu können. Der Nahe Osten muß ohne mich klarkommen, da kann ich eh nichts ausrichten.

Hier jedoch einige grundsätzliche Statements zur Gefühlswelt eines Heavy-Metal-Fans ...

Wen der Heavy mag:
- Mädels, die sich nicht zu aufwendig stylen und ein Bier auch aus der Flasche trinken
- Oma, weil sie prima Kuchen backt
- Opa, weil er vom Krieg erzählt
- Holland als Einkaufsland
- jeden Bauer, auf dessen Wiese man ein Open-Air-Festival veranstalten darf.

Wen der Heavy nicht mag:
- Polizisten, Saalordner und alle, die ihm vorschreiben wollen, was er wann und wo nicht tun darf

– teure Konzerttickets
– ungekühltes Bier
– Bon-Jovi-Fans
– Zollkontrolleure auf dem Rückweg von Holland.

In Skandinavien gibt es eine Gruppe von Metal-Bands, die ein ganz spezielles Feindbild haben. Black-Metal-Bands aus Norwegen, Schweden und Finnland haben sich in ihrem Satanswahn gegen das Christentum verschworen. Um den Christen des Landes zu schaden, wurden in der Vergangenheit schon mehrere der wunderschönen, aus Holz erbauten Stabkirchen in Brand gesetzt. Klar, Holz brennt gut, aber das ist doch kein Grund!?

Prima ist, daß sich die verschiedenen Bands auch untereinander bekämpfen. Sollen sie machen, dann lassen sie andere in Ruhe. Erinnert mich ein bißchen an die Unfähigkeit rechtsradikaler Gruppen in Deutschland, ihre Interessen zu vereinen, um eine einzige große Gruppe zu bilden, die Chancen auf den Einzug in den Bundestag hätte.

Oh, dabei fällt mir auf: Nazis sind natürlich auch ein erklärtes Feindbild im Metal, keine Frage. Jeder anständige Kuttenträger hat auf seiner Kutte irgendwo einen Sticker mit dem durchgestrichenen Hakenkreuz. Aber im großen und ganzen kann man die Lebensphilosophie des Metal wie folgt skizzieren: Rock 'n' Roll all night, party every day! Und Politik sollen die machen, die was von Politik verstehen. Leider sind das die Allerwenigsten, aber das ist ein anderes Thema.

Zu guter Letzt noch ein paar ganz grundsätzliche Dinge, die der Heavy nicht mag: früh aufstehen, Sport treiben, zum Friseur gehen. Von daher kommt ein Besuch bei der Bundeswehr eigentlich nicht in Frage. Womit wir schon beim Thema sind.

Soldiers under command

Irgendwann kommt für jeden jungen Mann der Tag der eiskalten Ernüchterung: der Musterungsbescheid. Einmal am Sack packen, bitte.

Der Kampfeinsatz war immer auch ein Thema im Rock. Status Quo sangen »You're In The Army Now« (und meinten damit die Soldaten der Armee), Stryper sangen »Soldiers Under Command« (und meinten damit die Soldaten Gottes), und Gene Simmons von Kiss sang »War Machine« (und meinte damit sich selbst).

Die Musterung kann glimpflich verlaufen, wenn man eine alte Familienkrankheit geerbt oder drei Wochen lang ohne Schlaf durchmacht hat. Der überwiegende Teil der Gemusterten wird aber als »tauglich« (für was auch immer) eingestuft. Nun mußt du dich entscheiden: hingehen oder nicht hingehen? Panzer oder Protest? Gewehr oder Gewissen? Kämpfen oder kiffen?

Für einen Hardrocker ist das nicht die Frage: Er will nicht hingehen. Der Fan will nicht, weil seine Metal-Matte beim Militärfriseur keine Gnade findet. Außerdem sind doch im Sommer immer die ganzen Metal-Festivals, die darf er nicht verpassen.

Der Hobbymusiker hingegen will darüber hinaus nicht zum Bund, weil er mindestens zweimal die Woche zur Bandprobe muß, sonst ist die Karriere im Arsch, und dann sind DIE das in Schuld. Dann kann die Bundeswehr sich aber mal was einfallen lassen. Ich sag nur: Reparationszahlungen.

Nun sind sowohl der heavy-spezifische Frisurenwunsch als auch das Berufsziel »Metal-Musiker« kein offiziell anerkannter Verweigerungsgrund. Du mußtest schon dein Gewissen befragen, ob es mit dem Dienst an der Waffe klarkommt, und wenn dein Gewissen dir sagte: »Ich kann keine Waffe gegen einen Menschen richten!«, dann mußtest du denen vom Kreiswehrersatzamt das stecken, und wenn das gutging und die dir das abnahm, warst du raus.

Wenn dein Gewissen dir aber sagte: »Wat willst du? Ob ich in einen Konflikt gerate, wenn ich mit der Waffe einen wildfremden Menschen, wenn der meine Freundin und meine Mutter im Wald gewaltsam ...? Und sowieso: Was machen die zwei denn überhaupt alleine so spät noch im Wald, und wo kommt der denn her? Hat der denn kein Zuhause? Ich bin verwirrt, keine Ahnung! Hau ab!«, dann mußtest du denen trotzdem verklickern, daß du es nicht mit dem Gewissen vereinbaren und so weiter blabläblö, und niemals nicht die Waffe, nicht mal zur Notwehr, lieber schön was auf die Fresse bekommen. Und wenn es gutlief, hielten sie dich für eine authentische Brühwurst, und du warst raus aus der Nummer.

Dann leistetest du Zivildienst in einer der vielen tausend Zivildienststellen, ohne die im Pflege- und Sozialbereich viele Leistungen gar nicht erbracht werden konnten und könnten. Aber das ist ein anderes Thema.

Nun sind gerade die Heavy-Fans als Zivis eine ganz besondere Bereicherung für jede soziale Einrichtung. Sie sehen irgendwie lustig aus, haben immer einen flotten Spruch auf den Lippen und nehmen das Leben und die Arbeit nicht so ernst wie die anderen, zum Beispiel Sportstudenten.

Ein Kollege von mir, ein passionierter Slayer-Fan und Fantasy-Live-Rollenspieler, leistete seinen Zivildienst in einer Jugendeinrichtung. Da sich ein zünftiges Rollenspiel oft über mehrere Tage hinzieht und die Spieler nicht unbedingt alle am gleichen Ort sein müssen, gab er seine Spielzüge oft per Telephon durch. Das Telephon stand hinter der Theke, von der aus er den Kindern und Jugendlichen Getränke ausgab.

»Hör zu, hier spricht Araborn. Ich schlage drei Zwergen die Schädel ein und ... was wollt ihr?«

»Kakao, bitte.«

»Okay, zweimal Kakao ... und köpfe den Waldläufer. Seinen Kopf pflanze ich auf eine Lanze zur Abschreckung für die Reiter. Seinen Körper zerlege ich ... mit Sahne?«

»Ja, bitte.«

»Okay. Zweimal mit Sahne ... zerlege ich in kleine Stücke und werfe sie den Geiern zum Fraß vor. Macht drei Kampfpunkte, eine Todesprämie und fünf Stunden Lebenszeit auf meinem Zeitkonto. Hier: Euer Kakao. Sonst noch was?«

»Nein, nein, danke, danke, vielen Dank.«

Ich leistete meinen Zivildienst in einer Altentagesstätte der Arbeiterwohlfahrt. Um die Frage gleich vorweg zu nehmen: nein, das war nicht mit Alten-Leuten-den-Arsch-abwischen.

Außer einmal, da hatte eine ältere Dame, die im Haus wohnte, einer Nachbarin einen mit Exkrementen gefüllten Staubsaugerbeutel in den Briefkasten gesteckt. Die waren sich wohl nicht ganz grün, die zwei alten Damen. Beim Versuch, den Beutel aus dem Briefschlitz zu ziehen, fing der Beutel an einzureißen. Schöne Scheiße!

Die zwei Putzfrauen sahen sich an, klärten per Blickkontakt die Frage »Wer macht das weg?« untereinander ab und kamen zu der einzig möglichen Antwort: »Der Zivi macht das weg.« Dann drückten sie mir Eimer und Putzzeug in die Hand und gaben mir den gut gemeinten Rat: »Nimm kaltes Wasser. Heißes Wasser schmiert nur.« Was für ein Quatsch, dachte ich, machte mir den Eimer mit heißem Wasser voll, und was soll ich sagen? Sie hatten Recht. Heißes Wasser schmiert nur.

Aber mal abgesehen von diesem Malheur umfaßte mein Job überwiegend hausmeisterliche Tätigkeiten, Gartenarbeiten, Einkäufe und nachmittags Thekendienst im Gruppenraum. Kaffee und Kuchen und Schnäpschen nicht zu knapp. Gerade die älteren Damen konnten sich im Laufe eines Nachmittags bei einer Runde Rummycub ganz gut einen löten. Je mehr Runden sie intus hatten, desto schwieriger fiel ihnen die Wahl des Getränks: Fernet Branca oder 'nen Klaren oder mal 'nen Jägermeister oder doch 'n Aquavit?

»Du mußt dich entscheiden, drei Felder sind frei!«

Die alten Männer waren nicht so aufgeweckt, die saßen still mit ihrem Bier in der Ecke und spielten Karten. Eigentlich spielten nur drei von denen Karten, der Rest saß drumherum und kuckte schweigend zu. Den ganzen, langen Nachmittag, jeden Tag. Meinefresse.

Einer der stillen Herren hatte mich ins Herz geschlossen. Jedesmal, wenn er zum Kartenkucken kam, brachte er mir eine Tafel Schokolade mit ganzen Haselnüssen drin. Er schob sie mir über die Theke rüber und sagte dabei kein Wort. Jedesmal. Psst!

Ich hasse Haselnüsse, egal, ob sie ganz sind oder halb oder man nur drüber spricht. Aber ich brachte es nicht übers Herz, ihm das zu sagen. Ich brachte die Schokolade meinem Vater mit nach Hause, der hat sich gefreut, und so sollte es sein. Alle waren glücklich und zufrieden.

Einmal im Jahr kam ein Hobby-Opernsänger in die Tagesstätte. Der saß hauptberuflich im Kassenhäuschen des Essener Stadttheaters. In seiner Freizeit knödelte er hilflosen Rentnern seine »Arien für Arme« in die Ohren.

Die Rentner wurden schnell unruhig, wie kleine Kinder. Der Künstler unterbrach dann seine Darbietung und verbat sich jede Art von Störung, anderenfalls würde er sein Gastspiel auf der Stelle abbrechen. Und das war genau das, worauf die Gebißganoven warteten: Zoff. Ein Teufelsspiel mit ungewissem Ausgang. Aber um 18.00 Uhr schließt die Theke.

Was man eigentlich erst im Zivildienst herausfindet, ist die Tatsache, daß man als Zivi unterm Strich mehr Geld rausbekommt als die Kollegen beim Bund. Wohngeld, Kleidergeld, Essensgeld und hin und wieder bißchen Trinkgeld von den Alten. Wenn man dann noch das Glück hat, in seiner Heimatstadt bleiben zu können (was eigentlich nicht so schwer ist) und weiter bei seinen Eltern wohnt, hat man schon ein schönes erstes Einkommen. Das sollten wir den Bundis aber nicht verraten, oder? Spaß muß sein.

Am Ende der Dienstzeit gab es dann noch eine prima Auslösesumme. Von der habe ich mir ein Vierspuraufnahmegerät und eine neue Gitarre gekauft. Diese Anschaffung konnte ich mit meinem Gewissen sehr gut vereinbaren.

Mein erster Tag als Zivi war direkt ein freier. Ich mußte nur zur AWO-Geschäftsstelle und mir mein erstes Geld abholen. Damit bin ich in die Stadt gefahren, rein in den nächsten Plattenladen, um mir die neue Single von Gary Moore zu kaufen: eine Zusammenarbeit mit seinem alten Kumpel Phil Lynott. Der Song war ein Zeichen für mich, eine Art Bestätigung dafür, daß ich mit meiner Verweigerung genau das Richtige getan hatte. Titel des Songs:

OUT IN THE FIELDS (Gary Moore)
It doesn't matter if you're wrong or if you're right
It makes no difference if you're black or if you're white
All men are equal til the victory is won,
No colour or religion ever stopped the bullet from the gun

Out in the fields the fighting has begun
Out in the streets they're falling one by one
Out from the skies a thousand more will die each day –
death is just a heartbeat away

It doesn't matter if you're left or right
Don't try to hide behind the colours for which you fight
There'll be no prisoners taken when the day is done
No flag or uniform ever stopped the bullet from the gun

Out in the fields the fighting has begun
Out in the streets they're falling one by one
Out from the skies a thousand more will die each day –
death is just a heartbeat away

There's no communication,
no one to take the blame
The cries of every nation,
they're falling on deaf ears again.

The Final Countdown

In vielen Dingen des Lebens war ich spät dran. Meinen ersten Geschlechtsverkehr hatte ich mit einundzwanzig, meine erste professionelle Plattenproduktion machte ich mit achtundzwanzig, und mein erstes Buch schreibe ich mit vierzig. Welches dieser drei Themen interessiert euch am meisten? Aha. Hab ich mir gedacht.

Aber glaubt mal bloß nicht, daß jetzt hier die unglaubliche Sex-Eskapaden-Enthüllung abgeht. Haha, schön wär's, aber Pustekuchen, ihr Lieben! In Liebesdingen war und bin ich nämlich ein ziemlicher Versager. Eine Lusche, eine echte Nullnummer.

Beziehungen mit Frauen hatte ich insgesamt drei, und da ist die große Jugendliebe schon großzügig mit reingerechnet, obwohl die noch ohne Sex war. Klar, Knutschen und so, aber noch nicht mit Pimpern. Schade.

Meine große Jugendliebe fand ich, kurz nachdem ich sitzengeblieben war. Ich mußte die achte Klasse wiederholen, und das war gut so. Ich wurde früh eingeschult, mit fünf, war dadurch bis zur Achten immer der Jüngste in der Klasse. Wenn du da nicht richtig was auffahren kannst an Leistungen, Sport, Fußball, Körpermasse, irgendwas Cooles, dann hast du nix zu melden. Ich war Brillenträger, unsportlich und hatte Angst vorm Ball. Außerdem hatte ich Knick-Spreiz-Senk-Füße (kurz »Plattfüße«), deretwegen ich ein Jahr lang nicht am Sportunterricht teilnehmen durfte und in der Skifreizeit mit dem Schlitten unterwegs war, während alle anderen die Pisten unsicher machten. Damit war ich in der Klasse unten durch. Daß ich gut malen und zeichnen konnte, war irrelevant.

Aber dann kam die achte Klasse. Cut! Klappe, die zweite, und plötzlich war ich rehabilitiert. Mit einem Mal hatte ich was zu sagen, fand in der Stufe Respekt und Anerkennung, konnte mich durchsetzen und hatte Erfolg. Und Erfolg macht bekanntlich sexy.

Sie hieß Sabine (Name von der Redaktion geändert), war ein aufgewecktes, sportliches Ding und das jüngste von drei Kindern.

Solche Kinder sind ja oft sehr – wie soll ich sagen? – dynamisch. Wir waren ungefähr zwei Jahre (mit Pause dazwischen) zusammen. Es war großartig! Sie war immer gutgelaunt, hatte prima Ideen, und ihre Küsse schmeckten milchig.

Ich glaube, sie hätte es gewollt, aber meine verkniffen-katholische Art hielt mich unangemessen lange davon ab, und schließlich hatte sie wohl genug vom Warten.

Sie machte Schluß, sagte, sie wolle erst mal einige Zeit allein bleiben, und war drei Tage später mit dem Schwimmer-As unserer Stufe zusammen. Der hatte eine komische Lache und ein Gebiß wie Freddie Mercury. Schäbig. Aber Schwimmer.

Mein Grundproblem bei Frauen war immer, daß ich sie nicht ansprechen konnte. Was heißt »konnte« – ich kann es heute noch nicht.

Und was noch schlimmer ist: Wenn sich mal eine wunderbare Frau für mich interessiert, kann ich das Interesse nicht erwidern, weil ich gar nicht merke, daß die wunderbare Frau sich für mich interessiert. Ich erfahre so etwas, wenn überhaupt, immer erst hinterher, wenn alles vorbei ist und die wunderbare Frau schon längst aus dem Haus, aus der Stadt, außer Landes oder verheiratet ist. Mann, was hatte ich für Chancen. Scheißendreck.

Noch heute geht mir das so. Mit meiner jetzigen Freundin bin ich nur deshalb zusammen, weil sie sehr energisch auf mich zugegangen ist und nicht locker gelassen hat. Ich konnte quasi gar nicht anders, als irgendwann erkennen, daß da was im Busch ist. Was mache ich eigentlich, wenn die mal nicht mehr da ist? Muß ich dann wieder selber ran? Ohgottogottogottogott. Frauenwelt, mir graust vor dir!

Nach Sabine kam erst mal lange nix. Okay, nicht ganz, da war noch diese Affäre auf der Abi-Abschlußfahrt nach Rom. Da war die, Gott, wie hieß die noch mal? Petra? Pamela? Claudia? Claudia mit »C« oder mit »K«? Egal. Die war jedenfalls scharf und süß und hatte Spaß am Flirten. Zumindest einen Abend lang. Es war schon ziemlich eindeutig, daß an jenem Abend alles hätte passieren können, aber dank meiner katholischen Verkniffenheit passierte wieder mal nichts. Und am nächsten Morgen war alles vorbei.

Zwecks Selbstkasteiung verdonnerte ich mich selber zu einem halben Jahr Liebeskummer, und wann immer ich »unser Lied« hörte, bekam ich Wallungen. Kann man mir dafür mal tüchtig was in den Arsch treten, bitte? Danke! – Ach so, wollt ihr wissen, welches unser Lied war? »Words« von F. R. David. Auch dafür bitte noch mal schön was auf den Arsch. Ach komm, bleib sitzen, ich mach's schon selber.

Zwischen sechzehn und einundzwanzig war ich sexuelles Brachland. Kein Weib in Sicht. Was für ein Elend. Obwohl es auch sein Gutes hatte, denn dadurch hatte ich viel, viel Zeit zum Gitarreüben, und es hieß ja, daß Mädchen auf Gitarrespielen total abfahren. Eine Legende, die sich, zumindest in meinem Fall, bis heute nicht bewahrheitet hat.

Ich machte inzwischen ganz passabel Musik, war auch schon in verschiedenen Bands, aber der Ansturm der Frauen auf dieses junge und begabte Gitarrentalent blieb aus. Groupies, One-Night-Stands und Quickies stellte ich mir sehr aufregend vor, kannte sie aber nur vom Hörensagen und aus Interviews berühmter Rockmusiker. Und den »Blowjob« hielt ich jahrelang für ein staatlich gefördertes Arbeitsbeschaffungsprogramm der Amerikaner.

Die meisten meiner Metal-Kollegen waren da anders gestrickt. Die nahmen so ziemlich alles mit, was kam – und auch alles, was nicht kam. Viele kannten schon mit achtzehn Sexpraktiken, von denen ich heute noch träume.

Wobei man aufpassen sollte, mit welcher Detailgenauigkeit man seine Sexstorys zum Besten gibt. Thorsten F., ein Mitgitarrist aus jenen Tagen, hat uns mal auf Tour am Morgen nach einem Gig beim Frühstück begeistert von seinem One-Night-Stand mit einer schönen Fremden berichtet und uns dabei ausführlich und unaufgefordert über Funktion und Vorteile der Von-hinten-Technik aufgeklärt. Wohlgemerkt: beim Frühstück.

Zwei Tage später ist er nach einhelligem Bandbeschluß vom Tonmann an einer Raststätte gefeuert worden. Ich glaube, die waren alle nur neidisch. So wie ich.

Meine fünfjährige Frauen-Ebbe (Mein Gott! Fünf Jahre!) fand während des Zivildiensts endlich ein Ende. Ich spielte zu jener Zeit in einer regional gefragten Coverband. Diese Band zog immer einen kleinen Fankreis hinter sich her, bestehend aus Freunden und Schulkollegen.

Sie hieß Manuela (der Name wurde redaktionell geändert) und war eine Mitschülerin unseres Drummers André M. Andrés Mutter Ulla M., unsere Sängerin, fing später ein Verhältnis mit einem Mitschüler ihres Sohnes an. Vorher hatte sie angeblich ein Verhältnis mit mir, aber das kann nicht sein, denn das hätte ich wissen müssen, und ich war der Letzte, der davon erfuhr. Unser Bassist sprach mich irgendwann darauf an, und ich fiel aus allen Wolken.

Mein erster Zuneigungsbeweis an Manuela war eine von ihr eingeforderte, von mir selber zusammengestellte Hardrock-Kassette. Es hatte sich im Fankreis rumgesprochen, daß ich die bandinterne Heavy-Rock-Koryphäe war. Sie wollte von mir tatsächlich ein Metal-Tape. Da war sie ja genau an den Richtigen geraten! Ich brachte ihr die Kassette spät abends vorbei – und blieb erst mal ein bißchen da. Schließlich mußte ich ihr ja meine Tape-Zusammenstellung erläutern!

Währenddessen begriff ich dann allmählich, um was es hier eigentlich ging, und ließ mich liebend gerne darauf ein. Wir wurden ein Paar.

Leider hatte mein Mitgitarrist Karl P. schon seit geraumer Zeit ein Auge auf Manuela geworfen. Ich wußte davon und dachte, es sei das Beste, ihm die für ihn betrübliche Nachricht, daß wir ein Paar waren, selber zu überbringen. Fehler! Großer Fehler!

Bis dato waren wir gute Gitarrenkumpels gewesen, übten zusammen, zeigten uns gegenseitig unsere neuesten Gitarrentricks und spielten auf der Bühne Double-Leads (zweistimmige Soli).

Doch das war nun vorbei, der Graben war gezogen. Später, viel, viel später, Jahre später, als ich längst nicht mehr in besagter Band mitspielte, hat Karl mich bei einem Jubiläumsgig, zu dem noch mal alle ehemaligen Bandmitglieder auf die Bühne kommen sollten, beim Gitarrensolo vom Mischer komplett runterdrehen lassen. Er hatte mir nicht verziehen.

Zurück zum jungen Liebesglück: Zu jener Zeit, im Sommer 1986, eroberten Europe mit »The Final Countdown« gerade die Hitparaden, und dieses Stück wurde quasi »unser Lied«. In jenem Jahr kam auch die »Slippery When Wet« von Bon Jovi mit dem Killerhit »Living On A Prayer« raus, und beide Alben, das sage ich jetzt hier einfach mal so frei heraus, fand ich damals gnadenlos geil. Daß der Song »The Final Countdown« später von Radio und Fernsehen so dermaßen zernudelt werden würde, daß man ihn heute zum Verrecken nicht mehr hören kann, war damals noch nicht abzusehen.*

Manuela hatte schöne rote Haare, die aber immer noch ein bißchen rot nachgefärbt und leicht angelockt wurden. Das mit dem Gelockten konnte ich nachvollziehen. Logisch, wir waren die 80er, wir waren Europe und Bon Jovi. Aber die Sache mit dem Haarfärben ist mir bis heute ein Buch mit sieben Siegeln.

Mal ganz unter uns Stehpinklern und Autoflüssigkeitsnachfüllern: Was die Frauen immer mit ihrer Haarfarbe haben, ist mir ein Rätsel. Blonde färben sich schwarz, Schwarzhaarige lassen sich bleichen. Brünette wollen rot sein und die Roten brünett und sowieso im Zweifelsfall blond, auch wenn es doof macht. Glatthaarige lassen sich locken und ondulieren, und Gelockte ziehen sich die Locken wieder raus.

Meiner Treu, was das kostet, auch an Zeit, und dann ist es doch nie so, wie sie es sich eigentlich gedacht haben, und dann ist das Gezeter wieder groß, und die Tage des Jammerns und Wehklagens nehmen kein Ende. Aber wehe, DU als Mann sagst was

---

* Ach nee? (Der Verleger)

dazu. Nee, immer schön Fresse halten und liebhaben und mal lecker essengehen und Blumen für die Damen.

Zurück zum jungen Liebesglück: Ich hatte eine Beziehung, und wir hatten ein Lied. Nun sollte es auch bald zum ersten Intimkontakt kommen. Und nachdem ich mich ewig und drei Tage für nichts und wieder nichts zurückgehalten hatte, konnte es mir jetzt nicht schnell genug passieren.

Verhütungstechnisch einigten wir uns auf die Pille. Genau genommen kam der Vorschlag von Manuela, und ich nahm dankend an. Puh, das Thema war vom Tisch.

Der finale Countdown zu meinem ersten GV lief! Was ich nicht wußte: Eine Frau muß die Pille erst mal ein paar Tage »blank« nehmen, bis der Körper soweit im Bilde ist, daß ab sofort verhütet wird. Diese Tage zogen sich wie Blei. Aber schließlich gab es grünes Licht, und wir verbrachten drei sehr aufregende Minuten. Doch das junge Glück war zum Scheitern verurteilt. Da ich zu jener Zeit eifrig an meiner Musikerkarriere feilte und viel Zeit mit Proben und Auftritten verbrachte, mußte ich mir regelmäßig die Frage gefallen lassen, was mir denn nun wichtiger sei, die Liebe oder die Musik. Was für eine Frage! Was für eine Antwort:

»I love Rock 'n' Roll, so put it all the time in the Jukebox, baby!«

Leider konnte Manuela dafür nur bedingt Verständnis aufbringen. Sie sah meine Kreativität, fand in ihrem Leben nichts Vergleichbares und fühlte sich mir unterlegen. Später kam zu der Eifersucht auf die Musik auch noch Eifersucht auf andere Frauen hinzu. Und ein eigenartiger Neid darauf, daß ich etwas hatte, was mich ausfüllte, was ich als Lebensinhalt bezeichnen konnte. Manuela hatte so etwas nicht, und das machte sie sehr unzufrieden. Sie suchte ihr Heil in der Distanz, brach eine Ausbildung zur Arzthelferin ab und begann ein Studium in Trier, dreihundert Kilometer entfernt von zu Hause – und von mir. Es begann die

Zeit der Fernbeziehung und war, was ich erst später begriff, der Anfang vom Ende. Daß das Elend nicht ewig so weiter gehen konnte, lag zwar auf der Hand, aber ich brauchte ausgesprochen lange, bis ich es dort liegen sah.

Nach einigen Wochen kannte ich die Autobahn von Essen nach Trier quasi auswendig. Meine Bestzeit für die Fahrstrecke lag bei drei Stunden und 20 Minuten. In Kassetten umgerechnet macht das drei C60-Bänder und ein angefangenes, das man auf der Rückfahrt zu Ende hören kann. Trier als solches ist schön, immer eine Reise wert, und das angrenzende Luxemburg sollte man bei der Gelegenheit auch gleich mitnehmen. Trotzdem war die Beziehung so gut wie am Ende. Irgendwann mußte ich einsehen, daß eine Beziehung mit einer Frau, die mit sich selber nicht klarkommt, auf Dauer nicht gutgehen kann. Und so hieß es schlußendlich: Back on the road again, the road to ROCK AND ROLL!

Aber pack die Badehose ein, und die Zahnbürste nicht vergessen.

Das Ei des Scott Columbus

Jeder Fan hat den Wunsch, mit seinem Idol in Kontakt zu treten. Ich habe mal einen Brief an Oz Fox geschrieben, den Gitarristen der amerikanischen White-Metal-Band Stryper. In dem Brief bat ich ihn, mir einige seiner Gitarrentricks zu verraten, weil die mich auf den Platten sehr beeindruckten. Ein gutes halbes Jahr später, als ich meinen Brief schon längst wieder vergessen hatte, kam das Antwortschreiben in Form eines doofen kopierten Standardbriefs. Hier ein kleiner Auszug:

»Hey! Like, how's it goin'? Hopefully fine! I'd like to take this opportunity to tell you a little about my self and what God is doing with my life.« (...) *»I enjoy eating hamburgers, Maine lobsters, and many types of Italian dishes. My favourite things to drink are: Cranberry juice, Coca Cola, and milk.«*

Und weiter unten heißt es dann
»I gave my life totally to Jesus around August of '82, and since then, I've learned so much about your purpose in life.«

Was sollte der Blah? Der Typ sollte mich nicht missionieren, sondern mir seine Tricks verraten, dieser beseelte, Hamburger fressende Jesus-Jünger!

Ein weiterer Traum eines jeden Rockfans: mal einen richtigen Star zu treffen, mal ein Autogramm abstauben oder einfach ein bißchen klönen, fragen, wie er das Solo von »Final Countdown« gespielt hat, wo er seine Ideen herholt und ob er davon leben kann und so.

Ich sah mal Lemmy von Motörhead am Hauptbahnhof in Essen. Lemmy kam grad aus einem Spielsalon. Motörhead hatten am Abend einen Gig in der Essener Grugahalle. Ich sprach ihn nicht an. Was hätte ich auch sagen sollen?

»Hello, Mr. Lemmy. Wie spielen Sie das Gitarrensolo in ›Overkill‹?«

»Nice to meet you, Greenhorn. First of all, I play the bass. And secondly, there is no guitar solo in ›Overkill‹. Fuckin' idiot!«
Ja, toll. Das wäre ja ein super Einstieg gewesen. Und dann? Wären wir Eis essen gegangen? Wohl kaum.
Ich sah mal die Scorpions-Gitarristen Rudolf Schenker und Matthias Jabs auf der Musikmesse in Frankfurt. Die kamen direkt auf mich, so von vorne, auf mich zu. Aber glaubst du, einer von denen wäre mal auf die Idee gekommen, mich nach einem Autogramm zu fragen?

Am Messestand von Marshall-Amps sah ich den Accept-Gitarristen Herman Frank, aber der führte gerade sein neues Gitarrenriff vor, da wollte ich den nicht stören. Und ein paar Meter weiter sah ich an einem Schlagzeugstand den Drummer von Iron Maiden, Nicko McBrain. Den hätte ich ja zu gerne mal gefragt, ob »McBrain« ein Künstlername ist, aber der war zu dicht bedrängt, da war kein Rankommen möglich.

Ich stand auch mal neben Jeff Scott Soto (kennt den jemand?) in der Zeche in Bochum. J.S.S. war der Sänger auf der ersten Europatour von Yngwie J. Malmsteen (= Gitarrengott). Das wußte ich da allerdings noch nicht, und es war vor dem Konzert. Wir standen also nebeneinander und lauschten der Vorgruppe. Als dann Malmsteen und Gefolgschaft die Bühne enterten, trat auch Jeff Scott Soto ins Rampenlicht, und mir wurde klar, daß ich grad seelenruhig neben einem echten Rockstar gestanden hatte, ohne es zu wissen. Mist. Der hätte auch mal was sagen können.

Aber dann gelang es mir doch irgendwann, richtige Metal-Stars zu treffen. Ach, was sage ich, von wegen Metal-Stars, das waren Metal-Götter! Das waren Manowar! Born to live for evermore – Manowar!

Ehe ich zu dem tatsächlichen Startreff komme, möchte ich Manowar erst ein bißchen vorstellen. Manowar (abgeleitet von »man of war«; frei übersetzt »ein Mann der Tat«) stammen aus den USA und sind Vertreter des sogenannten True-Metal.

Beim True-Metal darf man nur Dinge tun, die vom offiziellen Ältestenrat des Heavy-Metal als authentisch und glaubwürdig abgesegnet wurden. Dazu gehören: pathetische Texte, Drumsolo und Stripperinnen auf der Bühne; Lieder über Drachenbekämpfung, Seinen-Weg-gehen und Auf-einem-Blitz-in-die-Morgendämmerung-reiten.

Zum True-Metal gehören NICHT: Perücken, Schminke, radiotaugliche Balladen und Keyboards. Sollte ein Keyboard doch mal unvermeidbar sein, zum Beispiel für ein spannendes Intro oder als Untermalung des Gitarren-Showblocks, darf das Keyboard auf der Bühne nicht zu sehen sein. Es muß hinter einem Vorhang stehen oder per Sender vom Bandbus aus gespielt werden.

Der Keyboarder von Grave Digger heißt H.P. (Für was steht das wohl? Heinz-Peter? Horst-Pätrick?) und geht als TOD verkleidet auf die Bühne. Seine Keyboard-Burg ist als Grabmal dekoriert. Spooky Booh! Der Live-Keyboarder von Ozzy Osbourne spielt von unterhalb der Bühne. Er verfolgt das Bühnengeschehen mittels Videoübertragung. Sein Künstlername: John Sinclair. Das ist Metal!

Wird eine Band, die sich als True-Metal bezeichnet, beim Einsatz von Keyboards, Schminke oder Perücke erwischt, so wird ihr der True-Metal-Status aberkannt. Danach werden sämtliche Bandmitglieder (vor allem der Keyboarder) geteert und gefedert und aus dem Metal-Dorf rausgeschmissen, ohne Wasser und Schnittchen für unterwegs, so wie damals der Highländer. (Highländer – klingt wie die Mehrzahl von Heiland ...)

Und für den Rest ihres Lebens müssen die Musiker als Coverband die Hits der »80er und 90er und das Beste von heute« spielen. Hart, aber gerecht. So ist der Metal: Du mußt ihn dir verdienen.

HP von Grave Digger

Mann, da bin ich in den letzten Zeilen schon wieder mächtig vom Thema abgekommen. Was war noch gleich das Thema? Ach ja, Manowar.

Weiter im Text: Bei Manowar gibt es keine Keyboards (sagt der Produzent), keine Perücken (sagt die Band) und keine Schminke (sagt das Management). Manowar sind True-Metal – sagen Manowar, und die müssen es wissen!

Manowar fahren mit Motorrädern von Auftritt zu Auftritt – natürlich ohne Helm! –, spielen laut und brutal ihre Instrumente und benutzen reichlich Fäkalsprache. Das ist alles dokumentiert in ihren unzähligen Homevideos.

In einem dieser Homevideos gibt es allerdings eine Szene, die das Macho-Image, das für True Metal unbedingt wichtig ist, ein wenig in Frage stellt: In der Garderobe der Band legen zwei Frauen Hand aneinander an. Die Mädels besorgen es sich gegenseitig.

Das ist natürlich spitze, aber ethisch-moralisch total verwerflich (soll ich sagen), und darüber hinaus für jeden jungen Mann, der seinen ersten Geschlechtsverkehr noch vor sich hat, sehr verwirrend.

Was ich erstaunlich an dieser Szene finde: Keiner der Musiker mischt mit. Ich meine, da sitzen vier dumme, aber kräftige Männer, frisch eingeölt und leicht bekleidet, und keiner von denen geht mal lecker beim Weibchen bei.

Meine Theorie: Die Recken von Manowar sind schwul oder impotent oder beides oder Mensch-halt-endlich-die-Fresse-oder-der-Manowar-Fanclub-holt-dich-und-macht-dich-alle.

Okay, ich nehme das zurück. Die sind nicht schwul. Die waren bestimmt nur besoffen, die haben keinen mehr hochbekommen. Genau, so wird es gewesen sein.

Ich traf Manowar beim »Meet and Greet« backstage in der Westfalenhalle Dortmund.

Hier das Beweisfoto:

Meet & Greet mit MANOWAR

Mitte mit Brille: ich. Rechts außen: Drummer Scott Columbus,
»The more you drink, the better we'll play!«

Zwanzig Minuten vor Konzertbeginn durften wir hinter die Bühne, um die Band zu treffen und zu grüßen. Wir bekamen Cola und Salzstangen und Käsespießchen mit Gouda. Auch Bier, wer wollte. Wir wollten aber nicht, denn von Bier wird man besoffen, und dann bekommt man keinen mehr hoch. Das wußten wir aus den Manowar-Homevideos.

Der Drummer von Manowar, Scott Columbus, sagte zu uns: »Drink a lot! The more you drink, the better we'll play!«

Das war ja mal eine Erkenntnis! Quasi das Ei des Scott Columbus. Scott Columbus war es übrigens auch, der als Erster entdeckt hat, daß er Amerikaner ist. Toller Entdecker, der Columbus.

Sowieso, die Namen bei Manowar halten oft nicht, was sie versprechen. Ein Typ namens »Ross the Boss« ist als Erster rausgeflogen. Da stimmt doch etwas nicht, oder? Der Boss geht doch immer als Letzter, oder nicht? Na ja, aber der Boss heißt ja eigentlich auch Bruce Springsteen und macht eine ganz andere Musik. True Rock.

Nach dem kleinen Umtrunk mit guten Freunden ging es dann in die Halle, und was soll ich sagen? Columbus behielt Recht: Manowar sind die Besten! Und die Erde ist ein Dampfkessel!

Manowar treiben alle Ausdrucksformen des Heavy-Metal auf die Spitze. Sie spielen knüppellaut, aber der Sound ist dabei so perfekt gemischt, daß man, wenn man Ohrstöpsel trägt, einen brillanten, klaren Ton hört. Trägt man keine Ohrstöpsel, hat man nach fünf Minuten keine Ohren mehr. Die schmelzen.

Bei Manowar wird geklotzt, nicht gekleckert. Bei Judas Priest kam der Sänger mit einer Harley auf die Bühne. Manowar kommen mit *vier* Harleys auf die Bühne, deren Auspuffröhren mit Mikros abgenommen werden. Und warum? Wat 'ne Frage! Warum-warum-warum??? Warum ist die Banane krumm? Warum gehen bei Spinal Tap die Lautstärke-Regler bis elf und nicht nur bis zehn wie bei anderen Bands? **Warum?** »It's one louder!« **DARUM!**

Reite den Blitz!

Die Sprache des Hard- & Heavy-Rock steckt voller Bilder und Symbole, die von nahem betrachtet äußerst fragwürdig erscheinen können. Da gibt es die unbezwingbaren Welteneroberer (»Warriors Of The World«, Manowar), die grenzenlos potente Sexmaschine (»Turbo Lover«, Judas Priest) oder den von der Hölle ausgesandten Racheengel (»Unholy«, Kiss). Man kann solche Bilder sehr ernstnehmen oder als das ansehen, was sie sind: eine Form der Unterhaltung, ein musikalischer Ausdruck von Lebensgefühlen, die vom Sprachschatz des Schlagers nicht abgedeckt werden.

Manowar, die mit Wildleder-Lendenschurz und eingeölter Brust auftreten, singen Lieder voller »hail and glory« und »death to false metal« und bezeichnen alle, die nicht so beinhart sind wie sie, als »wimps and posers«. Süß, nicht wahr?

Kiss, die mittlerweile auf die Sechzig zugehen, singen unbeirrt vom »Rock 'n' Roll all night, party every day«, verehren »Christine Sixteen« und bezeichnen ihre Manneskraft als »Love Gun«. Spitz im Seniorenstift.

Motörhead, deren Kopf Lemmy die Sechzig bereits überschritten hat, veröffentlichen in diesen Tagen das Album »Kiss Of Death« mit Songs wie »One Night Stand«, »Under The Gun«, »Sword Of Glory« oder »Be My Baby«.

Da könnte man jetzt drüber schmunzeln und sagen: »Das ist Lemmy, der darf das!« oder »Gott, ja, andere züchten Dackel. Ist doch alles nur ein Spaß!« Aber ganz so einfach ist das nicht.

Tom Araya, Sänger der Thrash-Metal-Band Slayer, deren Texte zum heftigsten Liedgut der Heavy-Szene gehören, ist Katholik. Wenn er auf die Diskrepanz zwischen seiner Religionszugehörigkeit und Slayer-Titeln wie »South Of Heaven«, »Skeleton Christ« oder »God Hates Us All« angesprochen wird, verweist er darauf, daß die Musik von Slayer eine Form von Kunst ist. Kunst, die sich der Freiheit bedient, Bilder und Welten zu skizzieren, bei denen die geäußerte Meinung nicht zwangsläufig die Meinung des Sängers wiedergeben muß. Aber wenn Araya seine Texte mit glaubwürdig-grimmiger Miene auf der Bühne präsentiert, nehmen viele Fans diese Aussagen für bare Münze und halten das in den Songs Gesagte für die Lebensphilosophie des Sängers. Nicht ganz einfach, oder?

Metal-Fan-sein ist eine äußerst ernste Angelegenheit, gerade bei uns in Deutschland. Vielen Metal-Fans ist ihre Musik so heilig, daß ihnen jedweder Humor dafür abgeht. Witze unerwünscht.

Der Witzbold: »Sach mal, der Sänger von Motörhead, singt der noch oder kotzt der schon?«

Der Die-hard-Fan: »Noch so'n Spruch, Knochenbruch!«

Außenstehende bekommen von der wilden Welt des harten Rocks nicht viel mit, denn die englischsprachigen Texte erschließen sich nur dem, der sich genauer mit ihnen beschäftigt. Im Vorbeigehen etwas aufschnappen ist nicht so einfach. Nicht-Metallern ist die Welt des Metal fremd und darüber hinaus oft auch egal. Weder können sie mitreden, noch wollen sie das. Das ist sehr schade, denn dadurch entgeht ihnen das gewaltige Humorpotential dieser Musik.

In Eng- und Amiland ist das anders. Dort gibt es viele Rock- und Metal-Sender, jeder hört das Zeug unbewußt mit (mehr oder weniger) und schüttet sich bei jedem bekloppten Text vor Lachen aus, denn jeder versteht, wovon da gesungen wird: Monster und Drachen, Sex und Weltherrschaft und davon, daß sie bei jeder Gelegenheit rocken. Sie »rocken dir die Eier weg«, sie »rocken wie ein Hurricane«, sie »rocken, rocken, niemals stoppen«. »Rock 'til you drop!« Kommt alle vorbei, wird schön, gibt Kartoffelsalat.

Hier bei uns lacht man über jeden dämlichen Schlagertext, der im Radio läuft, weil man ihn versteht. Würde jeder von uns einen Metal-Text beim ersten unfreiwilligen Mithören sofort verstehen, würde bei uns viel mehr über den teilweise hirnverbrannten Mist in Heavy-Songs gelacht. Hier ein paar Beispiele für blöde Titel:

Reite den Blitz
»Ride The Lightning«
(…) Aber verbrenn' dir nicht den Arsch dabei.
Metallica

An alle, die vorhaben, zu rocken: Tach auch!
»For Those About To Rock: We Salute You«
AC/DC

Setz die Tochter am Schlachthof ab
»Bring Your Daughter To The Slaughter«
Iron Maiden

Das ist nur eine kleine Auswahl, quasi ein paar Appetithäppchen. Geht mal selber auf die Suche. Es lohnt sich!

Mancher englische oder amerikanische Sänger hat einen Song zwecks besserer Verständlichkeit auf deutsch eingesungen. Das taten Elvis und die Beatles, und auch Manowar waren so frei, ihre Metalhymne »Heart Of Steel« mit deutschem Text zu versehen. Das Ergebnis: ein Fest für die Sinne!

Manowar – Herz aus Stahl
Ein Feuer brennt tausend Meilen weg,
zeigt mir den Weg zum Ziel
Ich reit' Kometen, mein Weg ist lang und schwer
Schweigen ist die schwerste Last,
kämpf gegen die Welt,
nehm alles, was es gibt,
manchmal verliere auch ich
Geboren, um gegen den Wind zu gehen,
geboren, um zu verlieren
Wohin ich gehe, gehe ich allein

Refrain:
Schlag die Schlacht, leb wie du willst
Ich kenn keine Not und keine Angst vorm Tod
Schlag die Schlacht, du hast die Wahl
Ich hab ein Herz aus Stahl

Geh den Weg nur vorwärts,
lasse nichts zurück,
es gibt nur eine Chance
Die jetzt lachen und sich freuen,
werden es noch sehen
Wenn wir schlecht begehen,
wir werden kehren auf ein starkes Herz
Sie beugen, daß auch der Mut wird dahin
Dann lachen wir, vorbei die Qual
und schlägt das Herz aus Stahl
Zu hart gehorch, zu hart gehorch

Es gibt auch eine deutsche Version des Black-Sabbath-Kloppers »Paranoid«. Wer den nicht kennt, dem singe ich ihn mal eben vor:

»Dah dah dadadah,
dada dada dada dah da-da-dah«.

Oh, sorry, das war ja »Iron Man«. Paranoid geht natürlich so:

»Da da da dabadaba dabadaba,
da da da dabadaba dabadab«

Eine deutsche Version von »Paranoid« wurde 1971 unter dem Titel »Der Hund von Baskerville« veröffentlicht, allerdings nicht von Black Sabbath selber, sondern – alle mal tief Luft holen, bitte! – von Cindy & Bert!

Zur Erinnerung: Cindy & Bert waren die zwei mit »Immer wieder sonntags«. Na, kommt die Erinnerung? Im bürgerlichen Leben heißen Cindy & Bert Norbert Berger und Jutta Gusenburger. Das habe ich knallhart für euch recherchiert. Und weil es meine verdammte Pflicht als Autor ist, diese verdammte Story knallhart zu Ende zu recherchieren, ist hier der verdammte, knallharte Text zum »Hund von Baskerville«.

Der Hund von Baskerville
(Original: »Paranoid«/Black Sabbath)

Nebel zieht in dichten Schwaden
übers Moor von Forest Hill
Grün gespenstig grinst ein Irrlicht
Es ist Nacht in Baskerville
Wer verbreitet Angst und Schrecken?
Wer vernichtet, was er will?
Jeder sucht sich zu verstecken
vor dem Hund von Baskerville
Wen er anfällt, dieser Hund von Baskerville
Hat verloren in dem Kampf von Baskerville

Und es traut sich keine Seele
in das dunkle Moor hinein
Jeder zittert um sein Leben
Wer wird wohl der Nächste sein?
Bald ist die Mission beendet,
die sein irrer Herr ihm gab
Lautlos, wie er einst gekommen,
schleicht er sich ins Moor hinab
Nebel zieht in dichten Schwaden
übers Moor von Forest Hill
und verbirgt des Rätsels Frage
um den Hund von Baskerville

Die amtliche Metal-Sprache ist englisch, getreu dem Motto »S.E.O.D. – speak English or die«. Das ist Gesetz und gilt auch für deutsche Sänger. Leider.

Klaus Meine, Sänger der Scorpions, hat zu Beginn seiner Karriere viel Lautmalerei betrieben, Phantasietexte aus Versatzstücken gebaut, die er meinte, bei englischen und amerikanischen Sängern rausgehört zu haben. (unerreicht: »Born To Touch Your Feelings« ...)

Wer jetzt behauptet, er mache das heute noch so, dem entziehe ich seinen Fanclub-Ausweis, auch wenn er vielleicht Recht hat, aber so was gehört sich nicht. Doch irgendwie sind die Scorpions auf dem Level des Nachkriegs-Englisch, mit dem sie groß geworden sind, stehengeblieben. Wer schon mal Rudolf Schenker, den Rhythmus-Gitarristen der Scorpions, Englisch reden gehört hat, kann unser heutiges Schulsystem gerade im Bereich der Fremdsprachen gar nicht hoch genug würdigen.

Rudolf hatte bestimmt denselben Englischlehrer wie Peter Bursch. Das ist mir echt ein Rätsel. Die Scorpions sind schon seit Jahrzehnten weltweit unterwegs. Heute hier, morgen dort. Da müßten die sich doch mal was an korrekter Sprechweise von sogenannten »native speakers« abhören können, oder nicht?

Aber bei Rudi Carrell, Gott habe ihn selig, war das ja genauso: Der hat Jahrzehnte in Deutschland gearbeitet, aber nie richtig deutsch gelernt. Und mit Lou van Burg und Chris Howland fange ich gar nicht erst an. Muß alles so sein, sonst macht's keinen Spaß.

Rudolf Schenker hat bei einem Scorpions-Song auch gesungen! »Hey, You« hieß der Knaller, den es nur als Single gab. Rudolf schmachtet sich in dem Song jammernd durch eine Handvoll Strophen. Den Refrain hat dann aber doch Klaus Meine übernommen. Der Song schaffte es nicht auf ein Album. Und womit? Mit Recht.

Hey You (Scorpions)
Hey you, I'm in love with your eyes
and the sound of your name
Hey you, I'm in love with your smile
and the way you're dressed today
(typisch, wieder nur am Kucken)
Hey you, well I like the way you walk
just like a star moves on stage
Hey you, well I like the way you talk
you're really calm for your age
(die Sau!)
I really die, you're driving me wild
I really die, I'm in love 100 times
I really die, you're driving me wild
I really die, I'm in love 100 times
to be your lover

Hey you, I said you know what's going on
Do you know what I mean?
Hey you, daddy wants you back home
This school is up to me

I really die, you're driving me wild
I really die, I'm in love 100 times
I really die, you're driving me wild
I really die, I'm in love 100 times
to be your lover

Aber das ist wieder mal typisch deutsch: Alle Welt lobt unsere deutschen Rockbands, aber mir fällt nichts Besseres ein, als zu meckern. Mann, bin ich deutsch!

Im übrigen sind es nicht immer nur deutsche Musiker, die der englischen Aussprache nur begrenzt mächtig sind. Auch unter Fans gibt es viele Nicht- oder zumindest Schlecht-Anglisten, die jedes englische Wort, das sie nicht kennen – und das können 'ne ganze Menge Wörter sein – im Zweifelsfall deutsch aussprechen. Aber die armen Unwissenden können gar nichts dafür, denn so haben das schon unsere Eltern praktiziert. Ich sag nur: Woll-Wort (»Woolworth«), Kornebeff (»Corned Beaf«) oder Worschester-Soße (»Worcester Sauce«, ausgesprochen »Wuustersoos«).

Es ist auch nicht leicht mit dem Englischen. Okay, der eine oder andere Bandname kommt uns Deutschen ein bißchen entgegen: Kiss, Abba, da kann man nichts falschmachen. Oder bei Rammstein, englisch ausgesprochen »Rämmstihn«. Aber Rammstein gilt nicht, das ist ja ein deutscher Name, das ist zu einfach. Andere Bandnamen machen es uns da schon deutlich schwerer: Uriah Heep (»Uria Hepp«), Kreator (»Kreator«) oder U2 (»Uh Zwei«). Das »Uh Zwei« hörte ich bei einem studierten Medienfachmann aus Düsseldorf. Im Gegenzug sprach er das Wort Campus, das meines Wissens nach lateinischen Ursprungs ist, englisch aus, also »Kämpus«. Soll er machen, ist mir egal. Obwohl, wenn ich seinen Namen nenne, ist der bestimmt seinen Job los. Oder zumindest bei den Kollegen unten durch.

Auch so mancher englische und amerikanische Musiker greift mit seinem Namen so richtig daneben. Es gibt einen Gitarristen namens Ritchie Kotzen, eine Band namens Vixen und, außer Konkurrenz, unsere Piraten-Kinderheldin Pippi Langstrumpf. Ihh!

Ein weiterer Gottesbeweis

Deutscher Heavy-Rock hat in seinem Heimatland keinen guten Stand. Dabei sind wir eine der fleißigsten Nationen, was diese musikalische Gangart betrifft. Und Länder wie Brasilien, Japan und Amerika wissen deutschen Qualitätsstahl schon seit Jahrzehnten zu schätzen.

Gerade Japan ist rattenscharf auf Hard- und Heavy-Rock, nicht nur aus Deutschland. Die besten Live-Scheiben wurden und werden in Japan aufgenommen.

Die Scorpions machten in Japan ihre »Tokyo Tapes«, Accept brachten aus Osaka das bezaubernde »Staying A Life« mit, Ozzy Osbourne und Cheap Trick spielten »Live At Budokan«, Judas Priest waren »Unleashed In The East« und Dokken entfesselten das »Beast From The East«. Spitzenplatten mit Spitzennamen, oder?

Das Kuriose am japanischen Publikum: Alle Zuschauer bleiben bis zum Ende des Konzertes auf den Stühlen sitzen, und erst zum Schlußapplaus stehen sie auf. Das ist zwar auf der einen Seite prima für Live-Aufnahmen, denn dann hat man nicht so viele Nebengeräusche dabei, aber auf der anderen Seite nimmt man Live-Platten ja gerade wegen der Nebengeräusche, die das Publikum verursacht, auf! Ha, eine Zwickmühle!

Ich stelle hier mal eine kleine Liste unserer besten Exportschlager (in diesem Zusammenhang darf man von »Schlager« sprechen) in Sachen »stahlharter Musik« auf:

– **Doro**, früher mit **Warlock**. Doro ist befreundet mit Lemmy von Motörhead, Biff von Saxon und Gene Simmons von Kiss. Neid! Da fällt mir ein Lied von Bata Illic ein: »Ich möcht' der Knopf an deiner Bluse sein! Dann könnt' ich nah, nah, nah, nah, nah ...«
 ... bei deinen Freunden sein. NEID!

- **U.D.O.**, das ist eine Abkürzung. U.D.O. steht für »Udo Dirkschneider sein Orchester«. Udo D. sang früher sehr erfolgreich bei Accept, wehrt sich aber vehement gegen ein dauerhaftes Accept-Revival. Och, Menno! Udo!

- **Running Wild**, deren Chef heißt Rock'n'Rolf, ehrlich wahr. Kein Kommentar.

- **Random**, die Monty-Python-Truppe unter den deutschen Heavy-Bands. Der Schlagzeuger hieß Fred Otto und sah auch so aus. Eigentlich gehören sie nicht hier hin, denn Random waren international nicht erhältlich (hoffe ich zumindest!). Random sind mehr als nur vom Aussterben bedroht – sie sind ausgestorben. Ein weiterer Beweis für die Existenz Gottes.

- die **Scorpions**…ja, ich weiß: »Wind Of Change«. Aber die Scorpions haben mal gerockt! Okay, das ist schon lange her. Ich habe sie auch extra hinter Random gesetzt, als Strafe für ihre Balladen. Und für ihr schlechtes Englisch.

Aber vergessen wir Japan und kehren wir ins Merkelland zurück, wo sich eine Religion wie keine zweite als wahre Metal-Goldmine erwiesen, und das ist – Täterä! Tusch! – das Ruhrgebiet.

the RANDOMaster: Fred Otto

Goldmine Ruhrpott

Im Ruhrgebiet liegt die wahre Wiege des Metal. In den Stollen des Bergbaus ward er geboren, und in den Räumen der inzwischen stillgelegten Zechen und Bunker zwischen Duisburg-West und Dortmund-Ost wird er noch heute zelebriert und exerziert.

Hier ist eine kleine Auswahl hiesiger Stahlkocher:

Sodom (Gelsenkirchen)
Was man so munkelt: Der Chef von Sodom, Tom Angelripper (»Heißen Sie wirklich so?«) hat einen Garten und einen Jagdschein. Sein Gartenverein bat ihn mal, bezüglich einer Rattenplage sein Gewehr sprechen zu lassen. Er tat, wie ihm geheißen war.

Rage (Herne)
Was man so munkelt: Peter »Peavy« Wagner, Chef bei Rage, ist gelernter Knochen-Präparatör. Ein echter Boneshaker! Seine gesammelten Knochenfunde werden im Bandproberaum gelagert. Was das stinken muß!

Grave Digger (Gladbeck)
Da munkelt man nichts.

Axxis (Dortmund)
Ebenfalls kein Gemunkel.

Axel Rudi Pell (Bochum-Wattenscheid)
Was man so munkelt: Axels großes Vorbild ist Ritchie Blackmore. Axel besucht in Essen regelmäßig einen Blackmore-Fan-Stammtisch.

Neulich beim Blackmore-Stammtisch:
»Sag mal, wie spielst du eigentlich ›Smoke On The Water‹?«
»Im Sitzen und möglichst selten.«

Apropos Essen: Aus Essen kommen **Kreator**, die Thrasher um Mille Petrozza. Nach den Proben im Keller der Zeche Carl sitzt Mille, wenn Wetter ist, gerne mal im hauseigenen Biergarten und wartet gespannt darauf, ob ihn ein Fan erkennt.

Der Fan:
»Hey, sach mal, ich glaub, ich kenn' dich. Bist du nicht der Sänger von Destruction?«
Der Mille: »Hau ab, du Penner.«

Was noch? Ach ja: Aus Mülheim an der Ruhr kommt Andi Brings. Der hat früher mal bei Sodom geklampft und macht heute die **Traceelords**.
Ihr seht: Nahezu jede Ruhrgebietsstadt hat ihre eigene Metalband – außer Duisburg, die haben Peter Bursch.

Peter Bursch, der »Gitarrenlehrer der Nation«. Steht auch so im Duden – zumindest in meinem. Ich habe ihn selber eingetragen, unter »G« wie Gitarrenlehrer, gleich nach »G« wie Gitarrengott.
Aber Achtung! Gitarrenlehrer >< Gitarrengott
Das ist ein Riesenunterschied! Daß mir das bloß keiner verwechselt!!!
Was alle wissen: Peter Bursch schrieb die Gitarrenschule für Anfänger »von kinderleicht bis ganz schön schwierig«. Sehr erfolgreich, millionenfach verkauft. Habe ich mich vorhin schon gründlich drüber ausgelassen, können wir hier knapphalten, das Thema. Die Heerscharen seiner Schüler nennen sich nicht ohne Stolz »Burschenschaft«. Bis hierhin okay. Hut ab, guter Mann, der Peter.
Was aber nur die Allerwenigsten wissen: Peter Bursch schrieb auch eine Heavy-Metal-Gitarrenschule. Titel: »Heavy Metal Guitar« (erschien 1988 im Voggenreiter-Verlag zum Preis von 29,50 DM inklusive Schallfolie mit Tonbeispielen).
Die Schallfolie war der Hammer. Beim Hören des gruseligen Intros mit viel Hall und Echo auf der Stimme dachte ich noch:

»Hey! Peter Bursch goes Geisterbahn!« Aber dann kam der Satz, der einen ganz schnell wieder auf den Boden der Tatsache zurückholte:

»Kapitel 1: Das Stimmen der dicken E-Saite.«

Leider ist das Buch in dieser Form so nicht mehr erhältlich. Es wurde umgeschrieben, bekam ein neues Titelbild und hört seither auf den Namen »Rock Gitarre spezial«. Das Buch leidet sehr unter diesem Namen, denn »Rock Gitarre spezial« klingt doch sehr nach »Frikandel spezial«.

Ich fand noch ein altes Exemplar von »Heavy Metal Guitar« in der Essener Stadtbücherei. Ich nahm es zu Recherchezwecken mit nach Hause, brachte es nicht zurück, wurde angemahnt, mußte Ersatz zahlen, das habe ich selbstverständlich getan, und nun ist es meins (glaube ich).

Hier ein Zitat aus **HEAVY METAL GUITAR**:

HEAVY METAL GUITAR Seite 12/13:

Die »richtige« Heavy-Haltung

Du kannst ja mal versuchen, vorm Spiegel, wie Deine Metal-Stars, mit der Gitarre »herumzueiern« und dabei die richtigen Saiten zu treffen. Ich weiß, daß das dein größter Wunsch ist. Aber, vergiß es erst mal. Es sei denn, Du willst Deinen »Fankreis« belustigen und haust Dir den Gitarrenhals mehrmals gegen Deinen Kopf. Geschweige daß da irgendwas Musikalisches bei heraus kommt. Das muß genauso geübt sein wie Dein spielerisches Können.

Alles klar? Alles klar!

Wie man an dem obigen Zitat deutlich erkennen kann, liegt die Stärke von Peter B. aus D. nicht in der deutschen Grammatik. Peters Stärke ist das sogenannte »Fingerpicking«. Zupfmuster, Folk-Picking-Mist und ähnlichen Kram lernt man schon in seinem Anfängerbuch hassen.

Kein richtiger Rock-Schüler will zupfen lernen! Zupfen ist für nix zu gebrauchen, höchstens für zum Mutti-von-der-Fünf-in-Mathe-ablenken. Oder zum Mädels anbaggern. Mädchen stehen auf Rockballaden. Wenn du die Mädels so richtig beeindrucken willst, mußt du zupfen können. »Holiday« von den Scorpions oder »Nothing Else Matters« von Metallica, so was solltest du drauf haben, dann klappt's auch mit der Nachbarin. Aber Achtung! Kein »Stairway To Heaven«, kein »Child In Time«, das ist abgeschmackter Schnee von gestern, das kennen die jungen Frauen von heute überhaupt nicht mehr, da entsteht unnötiger Rechtfertigungsbedarf.

Wie ist diese schnulzige Picking-Zupftechnik wohl entstanden? Da wird einem mal das Plektrum (= Spielplättchen) aus der Hand gefallen sein, da hat er sich gedacht: »Nehme ich halt die Finger«. So war es. Oder so ähnlich. Oder ganz anders.

Die komplette zweite Hälfte von Peters Anfängerbuch widmet sich dem Thema »Zupfen«. Zupfen ist des Peters große Leidenschaft – oder – anders ausgedrückt, das Einzige, was er drauf hat. Kein Wunder, daß es auch in seinem Heavy-Metal-Buch nur eine Frage der Zeit ist, bis dieses Thema zur Sprache kommt: Seite 56, Überschrift: »Verträumte Metal-Sounds – einfache Zupftechniken«

»Wenn du bei den Mädchen Erfolg haben willst, mußt du zupfen. Zuerst zupfst du die Augenbrauen, dann die Nasenhaare, die Axelhaare und schließlich die Schamhaare...«

Peter, ist gut, mach Platz, aus.

Nachtrag:

Legt jemand Wert darauf zu erfahren, warum ich zu diesem Kapitel als Speise den auf der Stirn zerdrückten Negerkuß empfehle? Durch Aktionen dieser Art fiel einige Jahre später die kleine Sita, Tochter von Peter Bursch, im antiautoritären Kindergarten auf. Der Apfel fällt nicht weit vom Bursch.

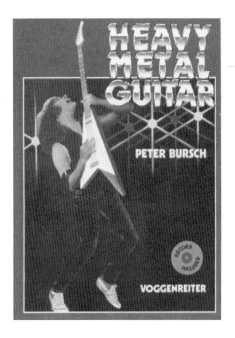

Hansruedi und Gottfried

Das Cover-Artwork spielte beim Erfolg einer Heavy-Metal-Scheibe immer schon eine ganz entscheidende Rolle. Zum ersten Anhören einer Vinylplatte gehörte das rituelle Betrachten und Bewundern des Covers immer dazu. Wenn auch die Innenhüllen noch bedruckt waren, mußte man die Platte gleich mehrfach laufen lassen, um alles genau untersuchen zu können. Erst wenn man anfing, in den Bildern zu versinken, sich selber mit der Band auf der Bühne wähnte, nahm die Magie des neuen Albums ihren Lauf und den Hörer gefangen.

Seit Einführung der CD ist die Wirkung des Covers leider ziemlich in den Hintergrund gerutscht, aber zu Zeiten des Vinyls war die Auswahl eines guten Covermotivs echt die halbe Miete, fast so wichtig wie die Auswahl eines guten Bandnamens wie zum Beispiel Kiss oder Queen oder Blue Öyster Cult ... Quatsch, vergiß das mit dem Bandnamen, das Motiv war definitiv *wichtiger* als der Bandname. Und für die Gestaltung eines solchen Hard & Heavy-Plattencovers brauchte es ganz besondere Künstler: kranke Künstler.

Hansruedi und Gottfried – wer bei diesen Namen vielleicht denkt, es handele sich um zwei weitere Zeichentrickfiguren von Herman van Veen, der liegt übel daneben.

H. R. (Hansruedi) Giger und Gottfried Helnwein sind die wohl spektakulärsten Künstler aus dem deutschsprachigen Raum, die ihre Kunst in den Dienst des Heavy-Metal stellten und mit ihren Motiven für Furore sorgten.

H. R. Giger ist der wahrscheinlich meistgebuchte (und meistkopierte sowie meistbeklaute) Künstler, wenn es um finstere Heavy-Metal-Motive geht.

Der Mann aus der Schweiz, der unter anderem die Figuren zu den Science-Fiction-Filmen »Alien« und »Species« entwarf, hat auch jede Menge Sex- und Teufelsmotive im Sortiment. Kommen Sie und schauen Sie! Da ist für jeden Geschmack etwas dabei.

Neulich bei Hansruedis Reste-Rampe:
»Guten Tag, wir suchen ein Bild für unsere neue Scheibe ›Into The Gates Of Hell‹.«
»Ja, wenn Sie dann hier mal schauen wollen?«
»Oh, das ist aber hübsch, mit den vielen Penissen und Vaginen. Oder heißt es Vaginas?«
»Das tut mir leid, da bin ich überfragt.«
»Das macht nichts. Was soll das kosten?«
»Es kostet Sie Ihre Seele.«
»Das ist aber günstig. Ein Schnäppchen!«
»Könnte man sagen. Hihi!«

Beim Betrachten eines Bildes von H. R. Giger denkt man unter Umständen »Mensch, der hat aber ganz schön einen an der Klatsche!«

Ein so plattes Urteil ist sehr voreilig und wird dem Künstler und seinem Schaffen nicht gerecht. Ignoranter Kulturbanause, wer so etwas sagt!

Man sollte sich schon etwas Zeit nehmen und sich intensiver mit der Kunst des H. R. Giger beschäftigen, geradezu in seine Kunst eintauchen. Dann nämlich wird man zu der Erkenntnis gelangen: »Mensch, der hat aber ganz schön einen an der Klatsche!«

Der Output von Gottfried Helnwein im Bereich Plattencover-Artwork ist nicht ganz so üppig wie der von H. R. Giger. Genau genommen war es nur ein einziges Bild, das er der Hardrock-Plattencover-Welt verehrte, aber dieses eine Motiv hatte es in sich. Es war das Motiv zum Scorpions-Album »Blackout«. Helnwein hatte mit diesem Bild, einem schreienden Mann mit Gabeln im Gesicht und Mullbinden um den Kopf, einen weltweiten Achtungserfolg.

Hören wir dazu Rudolf Schenker, Gitarrist der Scorpions:
»... eines Morgens sah ich im ›Stern‹ genau dieses Helnwein-Gemälde. Ich rief Klaus an, wir beide waren uns sofort einig: Das Bild ist perfekt für unser neues Album! Helnwein ergänzte das Motiv nach unseren Vorstellungen und landete damit, genauso wie wir mit BLACKOUT, einen Welterfolg.«

(aus dem Booklet zur Remaster-CD)

So, Rudolf, und jetzt das Ganze noch mal auf englisch, bitte schön.
»... I saw sis very painting by Helnwein in a German magazine called Schtern. I phoned Klaus, and we agreed: Se picture was perfect for our album! Helnwein completed se motif in line wis our suggestions and celebrated a world-wide success – as we did wis BLACKOUT.«

Mensch, guck mal, geht doch, Rudolf. Rudolf, geht doch! Rudolf! Geht doch! Wenn nur deine »th«-Schwäche nicht wäre ...

Neben dem versehrten Pinsel-Ösi und dem Schweizer »Prince of painting the darkness« möchte ich noch einen dritten Künstler erwähnen, der der Rockwelt viel Schönes beschert hat: Rodney Matthews aus England. Er machte Plattencover für Magnum, Diamond Head oder die Tygers of Pan Tang. Rodney ist sozusagen der Godfather der Fantasy-Bilder. Dummerweise sind seine Bilder einfach nur hübsch. Nicht krank, nicht satanistisch, scientologisch oder sonstwie angehaucht, sondern nur schön. Von daher läßt sich in seine Psyche so gar nichts reininterpretieren, zumindest nicht auf Grundlage seiner Bilder. Danke, Rod!

Damit sich der geneigte Leser ein eigenes Bild vom Schaffen der Herren machen kann, und um – als Entschädigung für meine unflätigen Mäkeleien – ein bißchen Werbung für die Künstler zu betreiben, möchte ich an dieser Stelle unbedingt einen Blick auf deren Netzseiten empfehlen:

RodneyMatthews.com
HRGiger.com
Gottfried-Helnwein.at

Übrigens: Mein Schreibprogramm zeigt viele Eigennamen als Rechtschreibfehler an, darunter auch den Namen »Helnwein«. Als Alternative schlägt das Programm »Helmwein« vor.

Liebes Korrekturprogramm, was soll das bitte schön sein, ein »Helmwein«? Wein, den man aus Helmen trinkt? Denk da noch mal drüber nach!

Gezeichnete und gemalte Plattencover haben viele Fans dazu angeregt, die Motive nachzuzeichnen oder eigene zu entwerfen. In so manch einem Metal-Fan steckt ein passionierter Hobbykünstler. Da liegt die Wahl der Lieblingsliteratur im Metalsektor auf der Hand: Comics.

Kreuzworträtsel brutal

Heavy-Metal ist stupide, brutal und sexistisch. Dies sind nur einige der gängigen Vorurteile gegenüber dem Heavy-Metal, und die sind natürlich nicht ganz von der Hand zu weisen, aber das ist gut so. Schließlich wollen wir Metalheads anecken, aufbegehren und zum Verrecken anders sein als unsere Nachbarn, die Normalos, die Anzugträger und Versicherungsleistungsvergleicher.

Die Storys in Metal-Songs sind simpel, haben klare Freund- und Feindbilder (allerdings mehr Feind- als Freundbilder), sind in der Regel in drei Minuten erzählt beziehungsweise gesungen und von daher durchaus als kurzweilig zu bezeichnen.

Hier haben wir eine schöne Parallele zwischen dem Heavy-Rock und dem Comic-Heft herausgearbeitet. Auch Comics sind extrem kurzweilig. Da liegt es auf der Hand, daß viele Metal-Fans auch auf Comics stehen.

Jetzt höre ich die Weiber schon wieder plärren: »Bilderbücher! Das sind doch nur Bilderbücher!« (Viele Frauen haben mit Comics nix im Sinn. Egal. Geh weg, lackier dir die Nägel und mach Kreuzworträtsel.)

Weiter: Superman, Batman, die X-Men, aber auch Horror- und Fantasycomics sind in der Heavy-Szene eine äußerst beliebte Klo- und Bettlektüre. Micky Maus eher weniger, Bussi Bär eher gar nicht.

Comics haben immer auch etwas von einem Film. Es gibt Bilder, es gibt Worte, und es gibt Geräusche. ZACK! BOOM! BÄNG! ROOAAAR! KAZONG! KATOOSH! Da weiß man doch gleich, wie das klingt, wenn Spidey dem Green Goblin sein Fluggerät um die Ohren drischt. Diese Geräuschsprache funktioniert allerdings nur im Comic. Wir hatten einen Comicfreak in der Schule, Bernd F., der diese Geräuschworte in seinen normalen Sprachgebrauch übernommen hat. Das fand echt kein Verständnis, bei niemandem, nicht bei den Lehrern, nicht bei den Mitschülern. Selbst mir war das zu doof.

Viele Comiczeichner stehen auf die heroisch-gewaltige Inspiration, die sie aus Heavy-Metal ziehen können. Ich kann das gut verstehen. Ich kann mir ehrlich gesagt auch keine bessere Musik als Inspiration für Comics vorstellen. Vielleicht noch Klassik, wegen des Pathos', aber sonst? Blues? Wie sähen da die Comics aus? Schwarzweiß, traurige Geschichten. Der Held ist am Ende zwar nicht tot, aber all sein Geld und seine Butze los. Und das jedesmal. Nee, laß mal.

Gerade die Ästhetik der Fantasy-Comics erinnert sehr an das Cover-Artwork von Metal-Platten. Ihr wißt schon, fremde Welten, Burgen im Nebel und der ganze Schmock.

Eine der weltweit erfolgreichsten Fantasy-Comicserien für Erwachsene heißt nicht von ungefähr »Heavy Metal«. Diese Comicreihe wurde bereits mehrfach verfilmt.

Die erste Verfilmung von »Heavy Metal« (inklusive eines prima Soundtracks mit Songs von Sammy Hagar, Black Sabbath, Cheap Trick u.a.) ist als Episodenfilm angelegt, so wie die Hefte auch.

Meine Lieblingsepisode ist die von dem Jungen, der träumt, er sei ein mächtiger Krieger, dem sämtliche Feinde unter- und groß- und barbusige Frauen zu Füßen liegen, und das zuhauf. Das ist doch astrein!

Dann spielt das auch noch in der Zukunft und im Weltraum und ist mit Zeitreise und Drachenmonstern. Was will man denn noch mehr?

Jungens stehen auf diese Art von Unterhaltung. Wobei viele Comicfiguren mehr als nur Unterhaltung sind: Sie sind Vorbilder. Zum Beispiel Superman: ein Muskelkerl im Synthetik-Einteiler, der mit Superfähigkeiten wie Röntgen- und Hitzeblick ausgestattet ist, fliegen kann und immer von allen gelobt wird, weil er alles sehr, sehr gut macht.

Oder Batman: ein Mensch wie du und ich, die ganze Ausrüstung selbst gebastelt, mit MacGyver an der Schraubzwinge. Und alle Hilfsmittel sind nach dem Superhelden benannt: das Batmobil, der Batcopter, der Baterang (Batmans Bumerang) und das Batlaken (sein Umhang).

Viele Jungens versuchen sich selber gerne im Comiczeichnen, so wie sie auch gerne versuchen, Gitarre zu spielen, alles getreu dem Motto: »Was der andere kann, kann ich schon lange. Und vielleicht beeindruckt es ja die Mädchen!«

Auch ich habe in meiner Jugend zum Zeichenstift gegriffen und Batman durchgepaust. Später zeichnete ich eigene Figuren und Geschichten. Mein größter Erfolg war eine kleine Heftreihe. Die ging über zwei Hefte, dann wurde die Reihe eingestellt.

Mein Co-Autor Ingo P. aus E. war für die flotten Sprüche zuständig, ich für die fotorealistischen Darstellungen (oder was ich dafür hielt).

Eine unserer sehr kurzen Kurzgeschichten handelte von Superman, der Werbung für Kondome macht. Dazu der schmissige Text von meinem Texter: »Erst das Tütchen, dann aufs Stütchen!«

Klar, der Spruch ist kacke, aber »Paßt auf jede Gurke«, ein Werbespruch aus der Plakatreihe »Kondome schützen«, ist auch nicht viel besser, oder?

Ich glaube, ich habe hier noch die eine oder andere Zeichnung von damals rumfliegen. Ich lege da mal rasch was auf den Scanner.

So, hier. Bitte schön!

Als Maitre mal 'nen schlechten Tag hatte

Lustig, oder? Ein Koch, der in Gedanken ist und nicht merkt, daß er sich beim Möhrenhacken gleich auch den Arm zerlegt? Ich finde, da ist alles drin: Charme, Witz und blutiges Gemetzel. Astschocke! Fehlen nur noch die barbusigen Drachen.

Auf der offiziellen Accept-Homepage fand ich einige Manga-Zeichnungen der Band. Saugeil, das Zeug. Ich habe mal eines dieser Bilder graphisch aufgearbeitet. Leider ist kein Künstler angegeben, dem ich auf diesem Wege Tribut zollen könnte, aber Gaby Hoffmann vom Acccept-Management hat mir gestattet, meine Überarbeitung zu veröffentlichen. Da sage ich: Das ist ein feiner Zug! Das ist mal eine Aktion, die etwas bewegt, nämlich mein Herz. Hier das Kunstwerk:

Ist doch nicht von schlechten Eltern, das Bildchen, oder? Ich finde, das rockt.

Ja, das tut es wirklich.

Grunzen wie in der Steinzeit

Das Grundvokabular des Heavy-Metal ist dem anglo-amerikanischen Sprachschatz entnommen.

»Wissen wir, ist uns bekannt, mach voran, du Schwätzer.«
»Fresse halten, mitschreiben. Das ist alles Stoff, der in der Klassenarbeit vorkommt.«
»Ich muß mal aufs Klo, Herr Lehrer.«
»Zieh hoch und spuck aus.«

Weiter im Text: Über das Vokabular hinaus gibt es unzählige Ausdrucksformen, die die Kommunikation im Metal überhaupt erst zu dem machen, was sie ist: ein Gegrunze wie in der Steinzeit.

Heavy-Metal-Gesang ist für viele Außenstehende nur schwer zu verstehen. Manche Gesänge sind so dermaßen unverständlich, daß selbst ein eingefleischter Fan die Texte nur mit CD-Booklet in der Hand mitgrunzen kann.

Auch die Schreibweise des Metal birgt viel Ungewöhnliches. Wir wollen das hier einmal exemplarisch erörtern am Beispiel des Namens »Motörhead«:

»Was ist das Besondere an »Motörhead«, Müller?«
»Äh, öh, ich weiß nicht...?!?«
»Müller, strengen Sie sich an.«
»Mh...das Besondere an Motörhead? Vielleicht, daß der Sänger auf der Bühne einen eigenen Zigarettenautomaten stehen hat?«
»Mensch, Müller, Ihre Versetzung ist gefähr...DIE IST IM ARSCH!«

Das Besondere an »Motörhead« sind die Punkte auf dem »ö«. Der Semiotiker spricht hier vom sogenannten »Heavy-Metal-Umlaut« oder, auf englisch, von »röck döts«.

Solche »röck döts« finden wir auch bei anderen Bandnamen: Mötley Crüe, Hüsker Dü, Trüllülüh ünd wü sü üllü hüßün. Frage: Was soll das mit diesen Punkten? Ich gebe die Frage weiter an den Chef von Motörhead, Lemmy Kilmister persönlich.

»Der Umlaut in Motörhead war eine Schöpfung des Graphikers, der das Cover für unser erstes Album anfertigte, weil es einfach böse aussieht.«

Aha! Das lassen wir mal so im Raum stehen und wenden uns der eigentlichen Sprache, dem »Metal-Talk«, zu. Abgesehen von der lustigen Schreibweise bringt uns auch die Frage nach dem tieferen Sinn des Wortes Motörhead nicht viel Freude. Aber damit steht dieser Name nicht alleine da. Es gibt noch einige andere Bandnamen, bei denen ein philosophischer Disput über Sinn und Bedeutung schon nach wenigen Minuten im Sande verlaufen würde.

AC/DC, das wissen wir, heißt »Gleichstrom/Wechselstrom«. Das war einfach. Aber was bedeutet zum Beispiel »Megadeth«? Abgesehen von der fehlerhaften Schreibweise (richtig wäre »Mega-Death«; vermutlich dachte der Graphiker, es sähe böse aus) – gilt die Frage, ob man »Tod« wirklich steigern kann?

Oder der hier: »Bolt Thrower«. Will man das Wort aussprechen, so fühlt sich das an, als würde man versuchen, einen Hamster im Ganzen zu verschlucken. Und die Bedeutung? Bolt Thrower heißt übersetzt »Bolzenwerfer«. Ich kenne Bolzenschneider, und ich kenne Hammerwerfer. Aber Bolzenwerfer? Was ist das? Ein mittelalterliches Baumstamm-Katapult?

Um den Außenstehenden und Nichtwissenden eine Chance zu geben, den Metal richtig zu verstehen, habe ich hier mal ein kleines Verzeichnis der wichtigsten Wörter und Sätze im Sprachgebrauch der Metal-Monster zusammengestellt. Vorab noch ein kleiner Tip zur Aussprache: Die »Language of Metal« klingt immer etwas authentischer, wenn man einen Schluck Bier im Mund hat.

So, nun geht es aber los:

Musiker auf der Bühne

TURN THE FUCKING SYSTEM FUCKING LOUDER!
»Könnte ich etwas mehr Gesang auf den Monitor bekommen?«

FUCK THE HELL!
»Danke schön.«

ARE THERE ANY METALHEADS OUT THERE?
»Ist das hier eine Jazzmatinee, oder was?!?«

TONIGHT WE'RE GONNA KICK SOME FUCKING ASS!
»Wir freuen uns, hier zu sein.«

ARE YOU READY TO ROCK?
»War jeder noch mal Pipi? Dann können wir ja anfangen.«

SCREAM FOR ME, BRAZIL!
»Ihr sagt Bescheid, wenn's weh tut, okay?«

TURN ON THE LIGHTS AND LET ME SEE THOSE MOTHERFUCKERS!
»Könnte ich mal etwas Saallicht haben?«

YOU GUYS ARE FUCKING AWESOME!
»Schade, wieder nur Männer im Publikum.«

Musiker im Alltag

She keeps her motor clean.
»Sie geht zum Frauenarzt.«

I'm gonna fuck you like an animal!
»Jetzt wird's gemütlich, Schatz.«

She's a dirty bitch!
»Die soll mir mal nach Hause kommen!«

Fuck you!
a) »Schön, dich zu sehen!«
b) »Du Arsch!«
c) »Hey, da kommt meine Bahn!«
d) »Scheiße, Bahn verpaßt!«

Songtitel und was sie uns sagen wollen

Painkiller
»Aspirin«

Hells Bells
»Dicke Eier«

Wasted Years
»Der ewige Student«

I Was Made For Loving You
»Ficken?«

All Hell's Breaking Loose
»Wasserrohrbruch«

Hell Bent For Leather
»Bin ich schwul, oder was?«

Fighting The World
»Fresse dick?«

Armed And Ready
»Hefte raus, Klassenarbeit!«

Drumsolo
»Pinkelpause«

For Whom The Bell Tolls
»Klingelingeling, hier kommt der Eiermann«

Poison
»4711 echt Kölnisch Wasser«

Dirty Deeds Done Dirt Cheap
»Gebrauchtwagenhandel Altenessen«

Seventh Son Of A Seventh Son
»Türkische Hochzeit«

Bomber
»Blähungen sind heilbar«

Shot Down In Flames
»Der Gasherd – Grenzen und Möglichkeiten«

T.N.T
»Das knallt!«

Zur Hölle mit dem Teufel

Seitdem es den Rock gibt, gibt es Menschen, die ihn hassen, und die deshalb denen, die ihn lieben, das Leben schwer machen. So war es bei Elvis und Bill Hailey, so war es zur Zeit von Woodstock, und so ist es heute noch. Die Motivation der Spaßbremsen ist dabei sehr unterschiedlich. Die einen fühlen sich belästigt durch die Lautstärke, mit der Rock gerne daherkommt. Das ist zwar nervig, aber damit kann ich leben. Für die anderen stellt der Rock jedoch einen Angriff auf ihre religiösen Gefühle dar, und deshalb wollen sie ihn verbieten. Und damit kann ich überhaupt nicht leben.

Im Alter zwischen sechzehn und siebzehn Jahren ging ich öfters zu einer evangelischen Teestube. Dort gab es wöchentliche Treffs mit Tee und Themenabenden. Diese Treffs fand ich sehr anregend, denn ich war zu jener Zeit in einer spirituellen Umbruchstimmung und suchte eine Alternative zu meiner katholisch geprägten Spiritualität. Außerdem waren da immer süße Mädels.

Ein beliebtes Thema war die Gefahr der geistig-moralischen Zersetzung durch Heavy-Metal-Musik. Anfangs fand ich das klasse, weil ich Fachmann war und dachte, ich könnte mein Wissen zum Besten geben, da die Teeoretiker offensichtlich keine Peilung von Metal hatten. Später bemerkte ich, daß es den engagierten Jungchristen gar nicht um mein Fachwissen ging, sondern um etwas ganz anderes – sie wollten mir den Heavy-Metal austreiben!

Das Thema »Teufel/Okkultismus/Satanismus« ging damals durch alle Medien. In Fernseh-Jugendsendungen referierten pickelige Hornbrillen-Monster über das sogenannte »backward masking«. Das ist die Bezeichnung für in Musik versteckte, rückwärts aufgenommene Teufelsbotschaften!

Zum Beweis für ihre Theorie spielten die Pickel-Christen Schallplatten rückwärts ab, so daß man die Teufelsbotschaften vorwärts hören konnte, wenn man das wollte. Aber Achtung: Ein handelsüblicher Plattenspieler kann eine Platte gar nicht rückwärts abspielen! Die Hexen- und Plattenverbrenner hatten extra ein Gerät präpariert!

Dann ließen sie beispielsweise den Song »Send Me An Angel« von Real Life rückwärts laufen und machten uns weis, daß das Kauderwelsch, das man dabei hörte, ganz deutlich als »in the valley of the snake« zu verstehen sei, und »snake« sei »eine biblische Umschreibung für den Teufel und angst-und-bange und ...«

Das ist, wenn man sich so richtig darauf einläßt und es glaubt, ganz schön gruselig, aber man kann es auch einfach bleiben lassen. Die moderne Sprachwissenschaft kennt für die Auseinandersetzung mit dieser Thematik den Fachterminus der sogenannten »gequirlten Kacke«.

Man kennt die Geschichte der Experimente mit unterschwelliger Werbung, bei der in Kinofilmen einzelne Bilder mit einem Coca-Cola-Motiv eingeblendet wurden. Anschließend hatten die Zuschauer, so erzählte man, unerklärlichen Durst auf Cola.

Was man uns dabei nicht gesagt hat: Das Ganze war das Experiment eines Werbefachmanns, der mit der Firma Coca-Cola in enger Verbindung stand und einen Beleg für seine fragwürdigen Hypothesen benötigte, um eine neue Art von Werbung verkaufen zu können. Im Klartext heißt das: Alles war erstunken und erlogen.

Geschichten über rückwärts aufgenommene Botschaften gab und gibt es immer wieder. Das müssen schon echte Freaks sein, die den ganzen Tag nichts anderes zu tun haben, als nach so was zu suchen. Letztendlich hört man wohl immer genau das, was man hören will. Sollen sie weiter ihre Platten rückwärts hören und sich ihren Kick daraus ziehen. Andere machen Bungee-Jumping oder S-Bahn-Surfen.

Hey, ihr Freaks, ihr steht auf gruselige Geschichten über versteckte Botschaften in Musik? Wie wäre es dann mit dieser hier?

Pink Floyd hatten bei der Produktion zu »Another Brick In The Wall« einen deutschen Tontechniker dabei, der in der Nacht den Song alleine gemixt hat. Später hat er sich auf dem Dachboden erhängt. Am nächsten Tag stellte man fest, daß im Refrain nicht die ursprünglich aufgenommene Gesangszeile »All in all it's just another...« zu hören war, sondern der deutsche Text »Hol' ihn, hol' ihn unters Dach«. Bei Recherchen stellte man fest, daß besagter deutscher Toningenieur in einem Waisenhaus aufwuchs und dort mißhandelt und regelmäßig auf dem Dachboden eingesperrt wurde. Aus Pietät hat man die Aufnahme so veröffentlicht.

Noch 'n Pink-Floyd-Grusel-Gedicht: Bei der Produktion des Titels »Scream Thy Last Scream« waren auf dem Band Schreigeräusche im Hintergrund zu hören, die so gar nicht aufgenommen wurden. Später stellte sich heraus, daß während der Produktion auf dem Außengelände des Studios ein Mädchen ermordet worden war. Seltsam? Aber so steht es geschrieben...

Nachdem mir die Teestuben-Gurus klar gemacht hatten, welche Gefahr in meiner Plattensammlung steckte, schmiß ich mein komplettes Metal-Vinyl, darunter so großartige Werke wie »Back In Black« und »Hells Bells« von AC/DC, »Number Of The Beast« von Iron Maiden und etliche Kiss-Scheiben, in den Müll. Sie hatten es tatsächlich geschafft, sie hatten mich manipuliert, infiltriert und umerzogen. Daß ich die Platten nicht auf offener Straße verbrannt habe, war nur dem beherzten Einschreiten einiger Nachbarn zu verdanken. Mann, war ich stolz auf mich. Mann, war ich bescheuert!

Im Laufe der letzten Jahre habe ich mir für diese schändliche Tat mehr als einmal in den Arsch gebissen (ja, das geht, wenn man es nur wirklich will). Und um mich zu rehabilitieren und den Teestuben-Fredels nachträglich noch richtig eins auszuwischen, habe ich mir alle meine damaligen Teufels-Scheiben neu gekauft, und noch Unmengen andere. Viele gute Metal-Platten, alles auf CD – das klingt viel besser als auf Vinyl, gerade die Teufelsbotschaften. Glasklar! Ich soll euch übrigens ganz herzlich von ihm grüßen:

»!food tsi tseil sad reW«

See you in HELL!

Kleine Pause

Mann, bin ich sauer. Ich brauch mal eben eine kleine Pause. Wie wäre es mit einem Witz zwischendurch?

Schitte Böhn:

> Ein Metal-Fan gibt eine Suchanzeige für einen Fön auf. Was schreibt er?
> –think–think–think–
> Antwort:
> »Hard-Rocker sucht Haartrockner«.

Und was sagt man da? Schanke döhn. (So was geht überhaupt nicht mehr, oder?)

Ich hab' da noch einen:

> Wißt ihr, was ich ständig verwechseln tu? **Kerry King** von Slayer und **Curry King** von Meica
>
> Aber ich hab' mir da eine prima Eselsbrücke gebaut: **Slayer** macht den Metal, und **Meica** macht das Würstchen. Müßte funktionieren, oder?

So, Pause zu Ende, weiter im Text ...

Die schmutzigen 15

Die vorangegangenen Witze waren mäßig, aber sie haben ihren Zweck erfüllt. Ich habe mich einigermaßen gefangen und bin bereit, mich ein weiteres Mal dem Thema der religiös und sonstwie motivierten Spaßverderber unserer Gesellschaft zu widmen. Und von denen gibt es einige.

In den Vereinigten Staaten gibt es das »Parents Music Resource Center«, eine Vereinigung unausgelasteter Hausfrauen, die es sich zur Aufgabe gemacht haben, jede Art von Musik, die den Anschein hat, als könne sie Jugendliche beim bloßen Betrachten des Plattencovers in den sicheren Selbstmord, die Drogenabhängigkeit oder zügellose Sexsucht stürzen, auf den Index zu stellen.

In den 80er Jahren veröffentlichte der P.M.R.C. eine Liste von musikalischen Schmutzfinken, eine Liste vergleichbar mit den Terroristen-Fahndungspostern, wie sie bei uns damals in sämtlichen Pommesbuden und Sparkassenfilialen aushingen. (In manchen Pommesbuden im Ruhrgebiet hängen die heute noch.)

Hier die Top 15 der musikalischen Schmutzfinken der 80er Jahre:

THE FILTHY FIFTEEN

Prince: »Darling Nikki«

Sheena Easton: »Sugar Walls«

Judas Priest: »Eat Me Alive«

Vanity: »Strap On Robbie Baby«

Mötley Crüe: »Bastard«

AC/DC: »Let Me Put My Love Into You«

Twisted Sister: »We're Not Gonna Take It«

Madonna: »Dress You Up«

W.A.S.P.: »Animal (F**k Like A Beast)«

Def Leppard: »High N' Dry«

Mercyful Fate: »Into The Coven«

Black Sabbath: »Trashed«

The Mary Jane Girls: »In My House«

Venom: »Possessed«

Cyndi Lauper: »She-Bop«

Was haben sich diese Künstler zuschulden kommen lassen? Nun, man warf ihnen vor, ihre Texte handelten (wahlweise) von Gewalt, Sex, Drogen- und Alkoholkonsum oder okkulten Praktiken. Klar, bei Madonna ist das keine Frage, die ist eine kleine Drecksau. Aber was in aller Welt hat Cyndi Lauper auf dieser Liste verloren? Die wollte doch immer nur, daß Mädchen ihren Spaß haben. Ist das jetzt auch schon verboten?

Neun der fünfzehn Angeklagten sind Heavy-Metal-Acts. Kein schlechter Schnitt, aber trotzdem, ich bin doch etwas enttäuscht, ich hätte mit mehr gerechnet. Da bewundert man seit Jahren diese Heavy-Metal-Branche für ihr Bad-Boy-Image, lehnt sich aus dem Fenster, hängt auf Wunsch tot übern Zaun, und dann DAS.

Ich glaube, die Jury hat da einiges aus dem Metal-Sektor übersehen beziehungsweise überhört. Was ist mit dem Kiss-Song »Christine Sixteen«? Verführung Minderjähriger und »Christ« im Namen, also quasi Blasphemie. Das sind doch gleich zwei Punkte auf einmal, oder nicht? Oder »Shout At The Devil« von Mötley Crüe? Und was ist mit »Slide It In«, zu deutsch »Tu ihn rein«, von Whitesnake? Und überhaupt: Prince auf Platz eins, gefolgt von Sheena Easton!?! Also, Männer des Hardrock, da habe ich echt einen ganzen Happen mehr von euch erwartet.

Für Insider: Man munkelt, daß etwa zur gleichen Zeit auch der deutsche Pop-Musik-Geheimdienst eine Musiker-Fahndungsliste verfaßt hat, die bis heute in einem Schließfach in der Nähe von Bonn-Bad Godesberg unter Verschluß gehalten wird. Falsch! Nicht »wird«, sondern »wurde«, denn ich habe diese Liste in einer spektakulären Nacht- und Nebelaktion entführt und sie zur Rede gestellt. Hier ihr Geständnis:

Das dreckige Dutzend
oder: die verwerflichsten Schlagertexte der 60er, 70er und 80er Jahre

Roland Kaiser: »Sieben Fässer Wein«
(Alkoholmißbrauch)

Wencke Myhre: »Laß' mein Knie, Joe«
(Perverser Sex)

Udo Jürgens:
»Der Teufel hat den Schnaps gemacht«
(Suff und Satanismus)

Elke Best: »Die Babys krieg immer noch ich«
(Emanzenscheiß)

Frank Farian:
»Spring über deinen Schatten, Tommy«
(Vorehelicher Geschlechtsverkehr)

Alexandra: »Mein Freund, der Baum«
(Unzucht mit Pflanzen)

Peter Rubin: »Immer Ärger mit dem Bett«
(IKEA-Kunde bis zum Tod)

Milva: »Typisch Mann«
(Noch mal Emanzenscheiß. Pfui!)

Spider Murphy Gang: »Skandal im Sperrbezirk«
(Rumhurerei)

Siw Inger:
»Und ich tanz' mit dir in den Morgen«
(Der Text ist okay, aber der Künstlername ist doof. Aus »Siw Inger« leitete sich später der sogenannte »Swinger-Club« ab)

Ina Deter: »Neue Männer braucht das Land«
(Ob jetzt bald mal Schluß ist mit dem Emanzenscheiß?)

Und last but not least:
Cindy & Bert: »Der Hund von Baskerville«
(Okkultes Allerlei)

Wer mag, kann diese Liste gerne nach Belieben verändern, erweitern, teeren und federn oder einfach anbeten. Ist mir egal. Macht, was ihr wollt! Meinen Segen habt ihr.
 Das P.M.R.C. fand übrigens auch heraus, daß viele Namen teufelsverehrender Rockbands Abkürzungen sind. Hier ein paar Beispiele:

KISS – **K**nights **I**n **S**atans **S**ervice
AC/DC – **A**nti **C**hrist – **D**evil's **C**rew
ABBA – **A**lles **B**ei **B**elzebub **A**bgekuckt

Um die Jugend vor Platten dieser Ausgeburt der Hölle zu warnen, setzt der Mecker-Mütter-Club diese Platten kurzerhand auf den Index. Um diese Indizierung erkennbar zu machen, bekommt eine Platte einen Sticker, der mittlerweile auch bei uns zum Einsatz kommt:

Will sagen: »Eltern, aufgemerkt! Diese Band spricht jugendgefährdende Fäkalsprache.
Pfui, pfui, pfui!«

Dieser Sticker ist ein dringlicher Hinweis an die Erziehungsberechtigten, sich viel intensiver mit der Musik ihrer Kinder zu beschäftigen, und hat zur Konsequenz erst mal nix.
Zumindest nicht auf Seiten der Eltern. Wahrscheinlich kennen 99 Prozent der Eltern den Aufkleber überhaupt nicht. Bei Jugendlichen hingegen wirkt der Sticker Wunder: wundersame Umsatzsteigerungen. Amerikanische Bands bekunden schon seit Jahren die verkaufsfördernde Wirkung dieser Zensur-Sticker. Hut ab, liebe Mecker-Mütter, die Aktion ist ein voller Erfolg!
Auch in Deutschland klappt der Werbetrick mittels Zensur ganz hervorragend. Das 1987 veröffentlichte Ärzte-Mini-Album »Ab 18«, das als Antwort auf die Indizierung der zuvor veröffentlichten Alben gedacht war, wurde ebenfalls auf den Index gesetzt (der Titel »Ab 18« machte es den Zensören sehr einfach) und dadurch bei den Jugendlichen erst so richtig interessant. Wem es gelang, an diese Platte ranzukommen, der war der Chef und in seiner Clique der King.

Eines will ich nicht von der Hand weisen: Ein labiles Gemüt kann aus aggressiver und rebellischer Musik Energie zu Taten ziehen, die für die Gesellschaft ein Problem darstellen können. Energie ja, aber die Grundlage für eine extreme Tat liegt sicherlich woanders.
Ein versehrtes Gemüt hat, da bin ich mir sicher, schon lange vorher eine derbe Macke, aber die ist im Alltag nicht so einfach auszumachen. (Obwohl ich mir da bei einigen Bundesbahn-Kontrolleuren, Supermarktkräften und Versicherungsangestellten nicht so sicher bin.) Findet man bei so einem latent Wahnsinnigen nach vollendeter Tat eine Platte von Judas Priest oder Marilyn Manson, ist der Fall klar, die Ursache gefunden, und die Ermittlung hat einen Sündenbock.

Nun sind wir in einer Zwickmühle: Rockmusik ist klasse, macht Laune und bringt Schwung in den Alltag, dient aber leider einigen Verwirrten dazu, sich selber aufzuputschen, um dann auszurasten. Wir haben ein Problem. Ein Angebot zur Lösung wäre Aufklärung von kompetenter Seite. Dummerweise gibt es keine offizielle Prüfstelle für diese Art von Fachkompetenz. Kompetent ist jeder, der sich dafür hält – zum Beispiel die bereits erwähnte amerikanische Vereinung »Parents Music Resource Center«, die pauschal und unqualifiziert irgendwen an den Pranger stellt, um ein Exempel zu statuieren und sich selber in den Fokus der Gazetten zu bringen.

Liebe amerikanische Brüder und Schwestern! Es geht auch anders. Auch hier in Deutschland gibt es Versuche, sich dem Problem der Jugendgefährdung zu stellen. Diese Arbeit läuft aber um einiges sorgfältiger und feinfühliger ab als bei euch da drüben.

In Essen gibt es den Sekteninfo e.V., einen Verein, der es sich zur Aufgabe gemacht hat, über Machenschaften und Gefahren von Sekten, Kulten und sonstigen undurchsichtigen Gruppen aufzuklären. Beim Sekteninfo e.V. sind neben Vertretern der evangelischen und katholischen Kirche auch Psychologen und Juristen tätig.

Gegründet wurde der Sekteninfo e.V. im Jahr 1984 von Heide-Marie Cammans, einer engagierten Katholikin und Mutter von drei Söhnen, die schon in ihrer Heimatgemeinde, die auch meine Heimatgemeinde war, durch ihr Engagement positiv aufgefallen ist. Frau Cammans war bei jedem Pfarrfest dabei, tat und machte und wirkte und half, wo es nur ging.

Aber wie das so ist, irgendwann sind die Kinder aus dem Haus und die Gemeinde verliert Mitglieder, und dann mußt du zusehen, daß du einen neuen Wirkungskreis findest. Und wenn es nur um die Austreibung von Dämonen geht. Immer noch besser als Flurwoche.

Andere sammeln Kugelschreiber

Was man als junger Metal-Fan oft nicht wahr haben will, ist die Tatsache, daß die großen Bands ihre Musik nicht allein aus Liebe zur Musik oder den Fans machen, sondern wegen des Geldes. Und das ist gut so, denn das kurbelt die Wirtschaft an – und macht die Fans arm.

Merchandise-Artikel sind ein prima Mittel, um den Fans immer noch ein paar Euro – je nach Band bis zu ein paar hundert Euro – extra aus der Geldbörse zu ziehen.

Du bist ein Fan einer bestimmten Band? Dann brauchst du deren T-Shirts, alle Tour-Shirts, sowie Longsleeves, Mützen, Hosen, allesamt verziert mit dem Bandlogo, einer schönen Graphik und einem unschönen Preisschild. Das ist Standard.

Manchen Bands reicht das aber nicht. Die wollen mehr (Geld), also bieten sie mehr (Merchandising). Bands wie Slipknot oder die Toten Hosen bringen zusätzlich Turnschuhe und Rucksäcke auf den Markt. Was sagen wir da? Danke schön!

Wer nun meint, jetzt reicht es aber, dem sei gesagt: Es reicht noch lange nicht! Wer Kiss-Fan ist, der weiß, da geht noch einiges. Kiss sind die ungekrönten Könige des Band-Merchandising. Was George Lukas mit Star Wars betreibt, machen Kiss in der Musikbranche: Fanartikel, bis der Fan Insolvenz anmeldet.

Wenn du Kiss-Fan bist, kommst du an folgenden Artikeln nicht vorbei:

– CD-Box im Gitarrenkoffer ca. 120 Euro
– die Bücher KISStory I und II ca. 300 Euro
– sämtliche Spielpüppchen
  (insgesamt 40 bis 50 Figuren) ca. 1.500 Euro
– Kiss-Flipper (80er Jahre, rar) ca. 1.500 Euro
– Kiss-Motorrad von Honda
  (80er Jahre, mega-rar) ca. 3.000 Euro
– Kiss-Sarg (in so einem wurde der Gitarrist
  von Pantera beerdigt) ca. 5.000 Euro

– diverse Kleinteile wie: Kiss-Klopapier,
  Kiss-Handy, Kiss-Radio, Kiss-Plattenspieler,
  Kiss-Schminkset, Kiss-Replica-Kostüm,
  alle Kiss-Hard-Rock-Café-Sticker sowie
  die Karnevalsmasken.
  Grob geschätzte Summe der Kleinteile: ca. 10.000 Euro

Summe komplett: **ca. 21.420 Euro**

Wer beim Lesen dieser Liste denkt: »Geil! *Das* gibt es auch?«, der kann mal bei www.kissonline.com oder im www.kiss-store.de shoppen gehen. Aber die Kiss-Kreditkarte nicht vergessen!

Wer jedoch angesichts dieser Liste denkt: »Mann, haben die einen an der Waffel!«, dem sage ich: Ja schon, klar, richtig, jetzt wo du es sagst, aber... aber du immer! Und außerdem: Andere nehmen Drogen oder sammeln Kugelschreiber.

Und außerdem, Klappe, die zweite, sind das alles Gegenstände, die in der Zukunft an Sammlerwert gewinnen. Wenn ich die in zehn Jahren verkaufe, bekomme ich mindestens das Doppelte dafür. Vorausgesetzt, ich finde in zehn Jahren noch jemanden, der sich für den Mist interessiert.

Panzerquartett

Neben der zum Überleben nicht wirklich notwendigen Branche des Merchandising gibt es auch Menschen, die sehr wohl wichtig sind für das erfolgreiche Bestehen einer Band, und das sind, neben Veranstaltern, Technikern, Roadies, Groupies und nicht zuletzt den Eltern, auch die Plattenfirmen und deren fleißige Mitarbeiter.

Weil eine professionelle Band, die viel unterwegs ist, ständig in Studios und Nachtclubs abhängt, Platten aufnimmt und Weiber stemmt, sich nicht auch noch um die Vermarktung ihrer Musik kümmern kann, hat der liebe Gott am sechshundertsechsundsechzigsten Tag die Plattenfirmen erschaffen. (Das steht so in der Bibel, nicht exakt der gleiche Wortlaut, aber so ungefähr, irgendwo im Buche des Propheten Moses W.)

Die Plattenfirma Drakkar mit Sitz in Witten hat neben vielen Ruhrgebiet-Metallern auch die Finnen Lordi unter Vertrag genommen. Als Lordi im Sommer 2006 den Eurovision Song Contest gewannen, war die Freude im Hause Drakkar natürlich riesengroß. Lordi unter Vertrag zu haben erwies sich als echter Glücksgriff, vergleichbar mit einem Sechser im Lotto, einem Pik-As beim Skat oder dem Schützenpanzer Marder im Panzerquartett.

Ein anderes wichtiges, schon seit Jahren sehr reges und erfolgreiches Metal-Label ist die Firma Nuclear Blast. Nuclear Blast sind laut eigener Aussage das »größte unabhängige Metal-Label der Welt«. Damit gehören sie ja wohl ganz klar zu den Top Ten der deutschen Stahlindustrie, direkt nach Krupps und Thyssens, oder? Der Filmemacher Andreas Geiger hat eine prima Dokumentation über dieses mächtige Label mit dem Titel »Heavy-Metal auf dem Lande« gedreht. Diese »Doku of Death« (der Name ist von mir, habe ich selbst erfunden. Nicht schlecht, oder?) lief sogar im Fernsehen und ist auch auf DVD erhältlich.

Die Firma Nuclear Blast, die so gewaltige Acts wie die Finster-Metaller Dimmu Borgir, die Retro-True-Metaller Hammerfall oder die Überflieger Nightwish unter Vertrag hat, sitzt in dem kleinen Kaff Donzdorf, einem winzigen, witzigen Dorf am Rande der Schwäbischen Alb, irgendwo zwischen Kuhstall und Wirtshaus. In diesem Wirtshaus finden auch die firmeneigenen CD-Präsentationen statt, lecker angerichtet zwischen Sauerkraut und Hirschgeweih. Bei diesen CD-Präsentationen wird den Pressevertretern sowie allen anderen Gästen des Wirtshauses eine neue Metal-Scheibe um die Ohren gedonnert und anschließend zur Diskussion freigestellt. Die Meinungen zur neuen Scheibe gehen jedesmal weit auseinander: Die Presseleute sind in der Regel sehr begeistert, die Wirtshausgäste sind es in der Regel nicht. Um eventuell aufkommenden Streit zu verhindern, gibt der Wirt eine Lokalrunde, und schon sind alle sehr begeistert. Dies alles sind Dinge, die gemacht werden müssen, damit der Bandbus rollt, da macht man sich keinen Begriff.

Bei dem Titel »Mitverdiener of Rock« fällt mir noch ein anderer, ganz übler Abzocker ein, und das ist die Geschäftsidee »Hard Rock Café«. Film ab, bitte!

Chicken Wings of Steel

Eine fiktive Szene: Ein Heavy geht zum Snacken nach McDoof. Er will was Leichtes für zwischendurch, etwas, das nicht belastet. Er fällt allerdings wegen seiner flapsigen Wortwahl sofort unangenehm auf:

»Guten Tach! Ich hätte gerne einen Burger King of Metal, die Chicken Wings of Steel und einen Hard-Rock-Kaffee!«

Frage: Was ist falsch an dieser Szene?

Richtig ist: Der Metalhead geht in ein Börger-Büdchen und nicht ins Schicki-Micki-Restaurant – sehr gut! (Die hätten ihn eh nicht reingelassen...)

Ebenfalls richtig: Er macht Witzchen mit den Produktnamen – astrein, guter Mann.

Falsch ist, aber sowas von: Der Begriff »Hard Rock Café« aus dem Mund eines echten Hardrock-Fans.

Kein Hardrocker benutzt den Namen »Hard Rock Café«, nicht als Wortspiel, nicht mal im Spaß, geschweige denn daß er ein Hard Rock Café betreten würde. Der Name »Hard Rock Café« ist irreführend. Hard Rock Cafés rocken nicht.

Kein echter Heavy geht in ein HRC. Wann immer ich auf meinem Beobachtungsposten lauere, sind es stets die Luschen, die, wenn sie auf einer City-Tour zufällig an einem HRC vorbeikommen, hineingehen und sich mal umschauen. Sie kaufen irgendeinen Tand, zum Beispiel einen Hard-Rock-Café-Teddybär zum Sammeln und zwei T-Shirts zum Angeben.

»Ach, geben Sie mir doch bitte noch die Grill-Sauce »Aerosmith« und die Hot-Chili-Sauce »Van Halen« dazu. Die waren doch bestimmt auch schon mal bei Ihnen, die Aerosmiths, oder? Ach, das wissen Sie nicht, Sie sind neu hier. Ach, egal, nicht so wichtig.«

Der ganze Rotz kommt dann in eine Hard-Rock-Café-Papiertüte, die mich optisch doch sehr an Flugzeug-Kotzbeutel erinnert. Ja, wenn ich zweimal hinschaue, bin ich mir sicher:

Es sind Kotzbeutel. Da haben die sich mal richtig was bei gedacht.

Frage: Wer sind die Menschen, die in einem HRC bummeln und shoppen gehen? Folgende Besuchergruppen konnte ich bislang ausmachen: Sportstudenten, Bausparer, Lehramtsanwärter, Jungjuristen, Kegelvereine sowie Mitarbeiter aus der christlichen Jugendarbeit. Und das ist nur die Spitze des Langweiler-Eisbergs.

Klar, die Einrichtung dieser Läden hat was: Draußen an der Fassade hängt als Erkennungszeichen eine riesige beleuchtete E-Gitarre. Im Inneren hängen Original-Instrumente und Fotos mit Autogrammen unserer Hard & Heavy-Helden an den Wänden. Im HRC Berlin hängt ein Kiss-Foto mit allen Autogrammen, hab' ich gehört. Warum hängt das da und nicht bei mir? Die Arschgeigen! Da kann man doch Pipi in den Augen bekommen.

Aber trotzdem: Solche Exponate sind noch lange kein Grund, die Sache gutzuheißen! Kuck dir nur mal den Rest der HRC-Läden an: alles piekfein geputzt und gewischt, alles blitzt und blinkt. Keine Schnitzereien im Mobiliar, keine Essensreste an der Decke, keine abgetretenen Klobrillen, keine Pinkelrinne an der Theke, stattdessen funktionstüchtige Glühbirnen in allen Lampen und Duftspender auf dem Herrenklo. Was soll das? Liebe HRC-Inneneinrichter: Wenn ICH auf eine Toilette gehe, dann bin ICH der Duftspender, sonst niemand. Merkt euch das.

Weiter im Text: Die Durchgangsschneise für den Publikumsverkehr ist im HRC markiert wie ein Weg auf dem Verkehrsübungsplatz. Ihhh!

Die Verzehrpreise sind so hoch, daß nur Großverdiener es sich erlauben können, dort zu speisen, zum Beispiel die Rockstars, deren Photos an den Wänden hängen. Echte Fans, Underdogs und Outlaws müssen draußen bleiben. Das rockt NICHT.

Wenn die unwürdigen Normalo-Luschen und Poprockhörer bei ihrer HRC-Besichtigungstour am extragroßen Merchandising-Stand vorbei kommen, bleiben sie verzückt stehen und kaufen T-Shirts, Sticker und Aufkleber für die ganze Familie, fühlen sich richtig wild und glauben, die Familie daheim freue sich über diese Art von Mitbringseln. Was soll Oma mit einem Hard-Rock-Café-T-Shirt aus Boston? Wissen, wo das extra Taschengeld bleibt, das sie dir regelmäßig zusteckt? Oma mitnehmen nach Boston, das hätte gerockt. Oma nur was mitbringen, das ist billig. Auch, wenn es teuer war.

Nun höre ich die Provinznasen rufen:

»Hard Rock Café? Kann mir nicht passieren. Das ist ein Problem der Amerikaner, so wie der Vietnamkrieg oder das alte Vater-Sohn-Baseball-Dilemma. Damit haben wir nichts zu tun. Da müssen die selber sehen, wie sie damit fertig werden!«

Falsch! Der Virus »Hard Rock Café« hat uns schon längst erreicht. Seit einigen Jahren macht sich auch in der deutschen Erlebnisgastronomie dieses Poser-Geschwür amerikanischer Kulturvermarktung breit. HRC-Niederlassungen gibt es in Berlin, Frankfurt, München, Köln, Heidelberg und Oberhausen. Wobei die deutschen Lokalitäten natürlich bei den deutschen Andenkenjägern nicht sehr hoch im Kurs stehen. Für die muß es schon mindestens London sein oder besser noch Bali oder Tokio, darunter gilt nix.

Sowieso, diese Angeberei daheim mit den Städtenamen auf dem HRC-T-Shirt! Ich könnte mich schon wieder übergeben, gib' mal rasch eine HRC-Tüte.

»Schaut alle her, ich bin HRC-Fan! Ich war in London, ich war in Madrid, ich war in Barcelona.«

Ja und? Ich war schon mal in Bochum-Wattenscheid. Laufe ich deshalb mit einem T-Shirt »Hard Rock Café Bochum-Wattenscheid« herum? Nein! Und warum nicht? Weil es kein T-Shirt »Hard Rock Café Bochum-Wattenscheid« gibt.

Leider verirrt sich hin und wieder der eine oder andere echte Rocker irrtümlich in ein Hard Rock Café. Sollte man da nicht eine

Kennungsmarke einführen, die es dem harten Rocker ermöglicht, schon vor dem Betreten eines HRCs zu erkennen, daß das nix für ihn ist? Ja, gute Idee. Super, machen wir.

»Bitte sehr, der Herr, macht Zweifuffzich!«

»Beehren Sie uns bald wieder.«

Tupperparty in Hollywood

Ich pauschalisiere für mein Leben gerne. Das ist kinderleicht, kostet nichts und ist so herrlich politisch unkorrekt. Und mit den richtigen Cholerikern im Raum haben wir ruckzuck üble Stimmung, und ich muß um mein Leben bangen.

Frage: Was sind das für Menschen, die sich Kinofilme mit Jon Bon Jovi anschauen? Mit Sicherheit dieselben, die auch in ein Hard Rock Café gehen, oder?

Eigentlich passen Rock und Kino ganz prima zusammen, denn der Besuch eines Rockkonzerts und ein Kinobesuch haben vieles gemeinsam: Gedränge am Eingang, teure Karten, Getränke lauwarm und im Plastikbecher; das Vorprogramm nervt, und der Sound während der Vorführung ist oft viel zu laut.

Viele Rockmusiker hat es im Laufe ihrer Karriere auch mal vor die Filmkamera gezogen. Sting spielte in »Dune« einen stillen, schönen Irgendwas, und Grönemeyer ängstigte sich im »Boot« zu Tode. Westernhagen war »Theo gegen den Rest der Welt«, und Nena spielte sich selber. Motörhead-Lemmy hielt für den Film »Eat the Rich« seine Warzenvisage in die Kamera, und die Gruselexperten Gene Simmons, Ozzy Osbourne und vor allem Alice Cooper machten etliche Horrorfilme durch ihre Anwesenheit überhaupt erst so richtig schrecklich. Und jedesmal riefen die Leute: »Das kann er doch nicht machen, er ist doch Musiker. – Oder etwa nicht?«

Jon Bon Jovi soll als Schauspieler gar nicht mal so ganz schlecht sein, habe ich von meinen Tupperparty-Freundinnen gehört. Überprüfen würde ich das persönlich nicht unbedingt wollen, dazu müßte ich mir ja einen seiner Streifen ansehen. Nee, laß mal, mir reicht mein Pauschalurteil.

Gene Simmons, das langzüngige und vor allem langhaarige Zottelmonster, hat in den 80er und 90er Jahren so einige Filmversuche gestartet. Da die wenigsten Rollen lange Haare vorsahen, mußte die Matte ab. Man munkelt, daß er in jener Zeit so einige Kiss-Shows mit Perücke gespielt hat. Andere munkeln, er habe alle Kiss-Shows mit Perücke sowie einer angenähten Ochsenzunge gespielt. Was die Leute immer so reden ...

Auf der anderen Seite hat so manch ein Schauspieler versucht, einen coolen Rockstar zu mimen, und das war auch nicht immer ein Zuckerschlecken. Mark Wahlberg spielte in dem Film »Rockstar« einen ebensolchen. Och, nööö! Mark Wahlberg sieht mit langen Haaren und mit Lederoutfit im Judas-Priest-Style so richtig kacke aus.

Als überwiegend gelungen und unterhaltsam kann man hingegen die diversen Rock-Comedy-Filme bezeichnen, als da wären: »Wayne's World«, »Still Crazy«, »Spinal Tap«, »Airheads« und der großartige Streifen »School of Rock« mit Jack Black. Hier wurden die vermeintlichen »Rockstars« zwar auch immer sehr lächerlich dargestellt, aber hier sollte das so sein, denn es war ja Comedy.

Sehr putzig fand ich die Gastauftritte von Anthrax (die Band, nicht das Gift) und Brian Setzer bei Al Bundys schrecklich netter Familie. Da mußten die nur sich selber spielen. Kein Problem, das können die, das haben die drauf.

Und dann gibt es da noch die ganz kleine Gruppe von Rockbands, die so mega-erfolgreich sind, daß sie selber zum Titelheld eines Films gemacht werden. Die Beatles taten das gleich mehrfach, Metallica bannten mit »Some Kind of Monster« ihre zwei Jahre währende Gruppentherapie auf Zelluloid, und Kiss trafen die »Phantoms of the Park«.

»Phantoms of the Park« war für mich die erste Gelegenheit, meine Rock-Heroen in Aktion zu sehen. Für die »Dynasty«-Tour 1980 war ich noch zu jung, da durfte ich nicht hin, und ansonsten kannte ich Kiss nur von Fotos. Wir sahen »Kiss – von Phantomen gejagt« mit der ganzen Schulclique. Als wir nach dem Kinobesuch demokratisch abstimmten, ob der Film in die Tonne gekloppt werden soll oder nicht, stimmte ich als einziger gegen die Tonne. Das alte Demokratieproblem: Was nützt die ganze Demokratie, wenn die Mehrheit irrt?

Schlußendlich wage ich hier festzustellen, daß die meisten Versuche unserer Rock-Helden, im Kino zu überzeugen, doch eher kläglich ausfallen. Und trotzdem gehen wir immer wieder bereitwillig hin und schauen uns den Rotz an. Und warum? Weil wir sie lieb haben, unsere Idole, unsere Babys, und weil wir Anteil nehmen wollen an ihrem Wirken, gerade so wie ein paar stolze Eltern, die ihrem Kind beim Schulkonzert moralisch den Rücken stärken. Das nenne ich grundsolide Fan-Loyalität. So soll es bleiben. Film ab, bitte!

Anmerkung des Verlegers: Einer der besten Musikfilme ist »Roadie« mit Fleischklops Meat Loaf in der Hauptrolle und einem mega-coolen Alice Cooper, der sich selber spielt. Wer ihn noch nicht kennt: unbedingt besorgen!

Zwitschervogel mit Blackout

Es gibt einiges, das internationale Künstler am Auftrittsort Deutschland ganz besonders schätzen: weniger Tempolimits als anderswo, besseres Bier als anderswo – und den weltbesten Fan-Enthusiasmus. Dieser Ruf eilt uns voraus, und das zu Recht. Diesen Enthusiasmus will ich mal ein bißchen unter die Lupe nehmen. Dazu mache ich zunächst eine kleine Typ-Analyse und versuche, ein Fan-Profil zu erstellen.

Der deutsche Metal-Fan ist bodenständig, gutmütig und – auch wenn er das nicht gerne hört – leider latent konservativ. Fans von heute sehen genauso aus wie Fans in den 80er oder 90er Jahren. Da hat sich – mit Ausnahme der Bandmotive auf den Shirts – nicht viel verändert. Wozu auch?

»Knüppel«

Der HM-Fan ist ein Purist, der sich hinsichtlich seines Musikgeschmacks gerne spezialisiert und nicht alles bunt durcheinander hört, so wie etwa unsere Freunde aus Amerika.

Der deutsche Metal-Fan ist entweder ein Mainstreamer, ein Death-Metaller oder ein Prog-Rocker, aber nicht alles durcheinander. Das bringt nur Scherereien. Hier bei uns wird alles sauber getrennt: Kaffee oder Tee, Sekt oder Selters, Kabarett oder Comedy.

Beim amerikanischen Rockfan ist das anders. Der hört alles gerade so, wie es ihm in die Ohren kommt: Bon Jovi, Metallica, Slayer, als Sättigungsbeilage Mötley Crüe und zum Dessert ein bißchen Shania Twain.

»Nehmen Sie einen Softdrink dazu?« –

»Ja, bitte!«

Da kennt der Ami nix, der Ami. Chuck Klosterman, ein amerikanischer Journalist und Metal-Fan, beschreibt das ganz bezaubernd in seiner Heavy-Metal-Odyssee »Fargo Rock City«.

Der deutsche Fan ist straight, true und unglaublich loyal. Er steht beherzt hinter allem, was seine Lieblingsbands verzapfen. Wenn er sich erst einmal für eine Band entschieden hat, dann bleibt er dieser Band treu. Ein Leben lang. All for one and one for all! Er kauft alle Platten dieser Band, die guten und die schlechten. Vor allem die schlechten! Gerade da muß man doch zusammenhalten. Fan-sein ist Ehrensache. True fanship never dies.

Diese bis zur bedingungslosen Selbstaufgabe gehende Fan-Loyalität wissen viele internationale Acts zu schätzen. Viele Größen der Unterhaltungsbranche haben ihre gewissenhafteste Fangemeinde in Deutschland, darunter so einschlägig bekannte Künstler wie Manowar, Motörhead, Roger Whittaker oder David Hasselhoff. Der Baywatch-Bertl sang »I've been looking for freedom«... und fand ihn in Deutschland. Mit uns kann man es ja machen!

Der deutsche Fan würde seine Band sogar im Kampf verteidigen, wenn einer etwas Unflätiges über die Band sagt.

»Wat soll dat heißen, AC/DC sind kommerziell geworden?!? Du Arsch, dat nimmst du zurück! Du nimmst dat sofort zurück, du Wichser!«

Ein echter Fan kauft jede Veröffentlichung seiner Lieblingsband. Dann kauft er noch die Bootlegs und die Importe und die Special Edition und die Remaster-Serie, und irgendwann hat er jede Platte der Band mindestens fünfmal im Schrank stehen. Dann erst ist es eine gute Plattensammlung, vorher nicht.

Das ist wie bei den Panini-Fußball-Bildchen. Die mußt du komplett haben, sonst ist das alles nichts wert und nur Rotz und bringt auf eBay nicht einen einzigen Euro. Kiss haben weltweit mindestens fünfzehn verschiedene Best-of-Scheiben veröffentlicht, auf einigen sind zwei bis drei neue Songs drauf. Die will man natürlich alle haben. Ich glaube, ich habe sie alle. Ich glaube, ich habe sie nicht mehr alle!

Ein besonders kritisches Erlebnis für jeden Fan ist ein Wechsel in der Bandbesetzung. Unter einem so gravierenden Ereignis leidet ein echter Fan mindestens genauso doll wie ein Scheidungskind unter der Trennung seiner Eltern. Da rappelt's im Karton! ALARM!!! Die trennen sich! Was ist da los, wie konnte das passieren? Warum haben die mich nicht vorher gefragt? Habe ich etwas falsch gemacht?

»Und dabei liebe ich euch beide, denn ich bin doch euer größter Fan!«

Schon viele Bands sind daran gescheitert, daß »der Neue« (Sänger oder Gitarrist oder egal) »es nicht gebracht hat«. So ein Wechsel geht vielleicht ein, zwei Platten lang gut, aber dann sind die Verkaufszahlen so dermaßen im Keller, daß es wehtut. Dann sieht die Band endlich ihren Fehler ein, entschuldigt sich bei den Fans und holt den Ehemaligen zurück, gibt ihm eine zweite Chance. Er darf im Gästezimmer schlafen. So geschehen bei Iron Maiden und Judas Priest.

Auch wenn der Neue es bringen sollte, ja selbst dann, wenn er viel besser ist als der Alte, bleibt er doch für die ganz frühen Fans auf ewig »der Neue«. Wer wie ich Iron Maiden noch mit dem ersten Sänger Paul Di'Anno kennen und lieben gelernt hat (ich finde, das Album »Killers« trägt bis heute seinen Namen zu Recht, ebenso die Live-Platte »Maiden Japan«.

Ich zitiere:
Puh tata puh tah puh tata puh tah
»I'm running free, yeah,
I'm running free!
I'm running free, yeah,
I'm running free!«
(Uah, mir geht schon wieder einer ab!)

Wo war ich stehengeblieben? Ach ja, der Neue, Bruce Dickinson, also der Mann, der für den Megahit »The Number Of The Beast« mit verantwortlich war, ist nun auch schon seit über fünfzehn Jahren dabei, und trotzdem bleibt er für mich auf ewig »der Neue«.

(Bei uns Musikanalytikern und Restmüll-Trennern heißt der Song »The Number Of The Beast« wegen seiner Länge und Geschwindigkeit auch »The Number Of The Beats«.)

Ein ganz seltenes Phänomen bei Rockbands ist bandinterne Loyalität. Das ist selten, aber es kommt vor. Da kränkelt einer, Knoten auf den Stimmbändern oder Gicht in den Fingern, und was macht die Band? Sie hält ihm die Treue! Hammer, oder nicht?

»Stand by your Bandmitglied!«

Klaus Meine, Sänger der Scorpions, hatte während der Produktion zum Album »Blackout« einen Stimmen-Blackout. Weg, aus, Funkstille. Da ging gar nichts mehr, nicht mal pfeifen. Klaus Meine fiel für unbestimmte Zeit aus, die Behandlung bei einem Spezialisten in Österreich dauerte ewig, aber die Band hatte Geduld, wartete ab und trank Tee (stimmt nicht, aber sagt man so). Und was war das Ergebnis? Nach erfolgreich abgeschlossener Kur sang der genesene Zwitschervogel besser denn je, und das Album »Blackout« wurde ein Welterfolg.

Fast noch schöner, weil dramatischer, ist die Geschichte von Def Leppard. Der Drummer Rick Allen verlor bei einem Verkehrsunfall seinen linken Arm. Wären Def Leppard karrieregeile Amerikaner, hätte die Band gesagt:

»Das war's dann wohl. Tschau mit Au. See you later, Verlierertyp. Hier ist deine Abfindung!«

Aber nein, Lef Deppard sind gute britische Arbeiterjungs, und da hält man zusammen, leiht sich Papas Schweißgerät und bastelt ein Spezial-Schlagzeug, das man mit nur einem Arm bedienen kann. Treibt einem diese Geschichte nicht die Tränen in die Augen?

Andere Bands, denen es gar nicht gelingen will, ihre Bandchemie am Kacken zu halten, zerstreiten sich irgendwann komplett. Sie trennen sich und verfolgen Soloprojekte, die keinen interessieren, bis sie sich schließlich zu einer viel umjubelten (aber nicht sehr lange anhaltenden) Reunion-Phase zusammenfinden. So war es bei Dokken, Accept oder Stryper.

Ups! Stryper. Ein schönes Stichwort! The yellow and the black attack. Stryper hatte ich doch weiter vorne schon mal erwähnt. Stryper, ein ganz heißes Eisen, eine Band wie ein Bibeltraktat.

»In God we trust.«

Wenn ich mir das recht überlege, sind die mir glatt ein eigenes Kapitel wert. Also, verneigt euch vor dem Kreuz, kniet nieder und sprecht ein Gebet. Danach öffnet euer üppiges Deckhaar und laßt es wallen und fliegen. Mosht dem Herrn ein neues Lied, Halleluja.

Hard Rock Halleluja!

Trockeneis & scharfe Luder

Es gibt im Heavy-Metal viele Sparten und Untersorten, deren musikalische Unterschiede sich zum Teil nur dem Vollblut-Fan erschließen. Es gibt Heavy-Metal, Thrash-Metal, Hardcore, Grindcore, Speed-Metal, Doom-Metal, Death-Metal, Black Metal ... und es gab in den 80er Jahren eine christlich motivierte Antwort auf das alles.

Nachdem das Kirchenvolk einsehen mußte, daß sein Kampf gegen den Hardrock eher albern ist, weil ihm niemand das Gerede von der vermeintlichen »Teufelsmusik« abnehmen wollte (schon Frank Zappa sagte: »Why should the devil have all the good music?«), schickten die frommen Recken ihre eigenen Streiter ins Rennen und schenkten der Welt als Antwort auf den bösen Black Metal den sogenannten White Metal.

Im White Metal ging es nicht länger um Sex, Drugs und Rock 'n' Roll, sondern um Treue, Reinheit und darum, nicht die Frau des Nächsten zu begehren, auch wenn sie ein ganz scharfes Gerät ist, das Luder.

Die erfolgreichsten Vertreter des White Metal waren Stryper, vier attraktive junge Männer aus einer Baptistengemeinde in Orange County/Kalifornien, die sich gegen Sex vor der Ehe aussprachen.

Der Name Stryper ist, wie könnte es anders sein, eine Abkürzung, und steht für »**S**alvation **T**hrough **R**edemption **Y**ielding **P**eace, **E**ncouragement and **R**ighteousness«. Was uns das sagen soll, weiß ich nicht, da müßte man mal in der anglikanischen Baptistenbibel nachschlagen, aber die habe ich gerade verliehen, sorry.

Stryper sangen mit Stimmen, so schön wie Engel, und hatten zehnmal soviel Schminke im Gesicht wie meine Mutter. Stryper sahen aus wie Frauen, trugen enge Stretchhosen, die das Gemächt betonten, und sangen von Gott. Zur Untermalung ihrer frohen Botschaft schmissen sie bei Konzerten Bibeln ins Publikum. Und als Zugabe wurde gemeinsam gebetet. So erlebte ich es im Tor 3 in Düsseldorf, und obwohl eine der Wurfgeschoß-Bibeln nur knapp meinen Kopf verfehlte, war ich begeistert.

Natürlich konnten sich Stryper in den 80er Jahren nicht der Verlockung entziehen, ihre Haare gelockt zu tragen (= Ver-Lockung, hihi!). Dadurch sahen sie noch mehr aus wie Frauen. Sie hätten beim Christopher Street Day sicherlich eine gute Figur abgegeben, zusammen mit Cinderella, Poison und Thomas Anders.

Hier sind zwei Fotos des Sängers Michael Sweet. Das wäre auch ein passender Name für einen Pornodarsteller. Ich finde die Fotos ganz putzig. Er macht seinem Namen doch alle Ehre, oder?

Michael Sweet 1983   *2006*

Stryper: »In God we trust«... Schön und gut, aber was ist mit dem Friseur? Kann man *dem* auch vertrauen?

Die White-Metal-Bewegung verschwand, wie sie kam – so ganz nebenbei, in einer zartbesaiteten Wolke aus Trockeneisnebel und Haarspray und ohne jemals vom Mainstream-Massenpublikum richtig wahrgenommen worden zu sein. Ich finde das ein bißchen schade, denn Stryper waren gar nicht so schlecht. Und mittlerweile sehen sie aufgrund ihres Alters und des Verzichts auf Schminke auch wieder wie richtige Männer aus. Gelegentlich starte ich Versuche im Freundeskreis, den einen oder anderen zu bekehren, ernte dafür aber immer nur Hohn und Schelte.

Was uns Retro-Rockern, die Stryper mochten, übrigbleibt, sind die Erinnerungen an schöne Chöre und herrliche Double-Leadgitarren, schwarz-gelb-gestreifte Balletteinteiler und fliegende Bibeln sowie üppige, tuffige Frisuren. Pudelfrisuren.

Vorne Rostock, hinten Woodstock

In den 80er Jahren kam keine Heavy-Band ohne Locken aus. Alle hatten plötzlich Locken. Die waren natürlich nicht echt, außer bei David Coverdale von Whitesnake. Oder bei Bonnie Tyler. Nee, da nicht. Aber bei Brian May von Queen, da waren sie echt. Obwohl, ich glaube, mittlerweile trägt der auch Perücke. Der geht doch schon auf die Hundertdreißig zu, oder nicht?

Alle anderen, die damals von Haus aus Glatthaarträger waren, gingen plötzlich einmal im Monat zum Damenfriseur zum Ondulieren, beispielsweise Bon Jovi, Nena oder die deutsche Fußballnationalmannschaft. Oder Europe.

Europe – the Final Haircut

Habt ihr Spaß an solchen Vorher-Nachher-Fotos? So was gibt es zuhauf. Da muß man nur mal in die diversen Archive gehen, Stichwort »Unschönes«. Ich trau mich nicht, das selber zu machen und hier abzudrucken, weil man dafür auf die Fresse kriegen kann. Obwohl... ach komm', eins geht, nur eins, och bitte. Wie wäre es zum Beispiel mit Ozzy Osbourne?

Ozzy gestern   *Ozzy heute*

Sieht er nicht ein bißchen aus wie Linda Blair in »Der Exorzist«? Ich meine ja nur. Hey, Ozzy! Nimm's leicht. Wir lieben dich, wie du bist. Das ist mal nicht die Frage! We don't care about fashion, we care about YOU, okay? Und pass' auf beim Quadfahren, ein Unfall reicht.

Haarmäßig waren die 80er echt meine Zeit. Ich habe Naturlocken, und die wurden eigentlich nur damals richtig gewürdigt, vor allem von Frauen. Als Europe, Bon Jovi, Whitesnake & Co. ihre Lockenmatten durch die Videos wehen ließen, dachte ich:

»Klasse! Endlich eine Musik, die zu meiner Frisur paßt!«

Allerdings wuchsen meine Haare immer nur bis zu den Schultern, nie länger. Also schon länger, aber nicht weiter runter. Die lockten sich einfach nur immer mehr, blieben aber auf den Schultern liegen. Und zu meinem damaligen Schnitt sei nur soviel erwähnt: Meine Mutter wollte immer einen kleinen David Hasselhoff haben, ich persönlich wollte lieber aussehen wie einer von Kiss. Letztendlich war meine Frisur ein lausiger Kompromiß aus beidem.

*Aus meiner persönlichen Reihe »Zehn Gründe gegen lange Haare«
Grund Nummer 13: der Scheitel. (Unten im Sand: meine Schwester)*

Mittlerweile trage ich die Haare kurz. Das ist zwar aus Sicht der IG Metal politisch unkorrekt, aber was willste machen? Und sowieso finde ich, dass manche Männer mit kurzen Haaren einfach besser aussehen als mit langen, zum Beispiel Bruce Dickinson von Iron Maiden. Oder Guildo Horn, nur mal hypothetisch. Ein Kurzhaarschnitt wäre bei dem doch ein echter Gewinn, oder?

Und wenn ich doch mal melancholisch werde und die Locken vermisse, gehe ich auf ein Metal-Konzert und kuck mir häßliche Langhaarträger an.

Liebe Metal-Gemeinde, ihr seid bisweilen das Häßlichste, was unter den Deckenstrahlern der Mehrzweckhallen zu sehen ist. Vor allem von hinten. Aber von hinten seht ihr euch wahrscheinlich nicht so oft, oder?

Die Haare sind zu dünn, zu wenig, zu grau, aber Hauptsache lang. Gerne auch in Vokuhila-Schnitt. Rausgewachsen, aber so was von. Unglaublich. Wer es schon vergessen hat: »Vokuhila«

steht für »Vorne-kurz-hinten-lang«. Manche sagen dazu auch »Vorne-Rostock-hinten-Woodstock«. Wer dazu noch einen Rudolf-Schenker-Gedächtnis-Oliba (= Oberlippenbart) trägt, dem singe ich a cappella »Still Loving You«, bis er bricht.

Um diese optische Geschmacklosigkeit zu untermauern, trägt man dann die alten Klamotten von anno dunnemals auf: T-Shirts mit abgewetzten Bandlogos, die man nicht mehr erkennt und aus denen die Besitzer schon vor Jahren rausgewachsen sind. Dazu Stretch-Jeans, die sich aufgrund der Körperfülle im Bauchbereich von alleine nach unten ziehen, ausgeliehen von der Freundin. Diese steht bisweilen direkt daneben, im gleichen Outfit wie ihr ganz persönlicher »Prince of Metal-Fashion«. Alles identisch, auch die Frisur. So, das mußte einfach mal raus. Ach, tut das gut!

And the Poodle will rock

Die güldenen 80er Jahre waren sowohl für mich als auch für meine Lieblingsmusik, den Hard-and-Heavy-Rock, »the time of my life«. In den 80ern wurde ich allmählich erwachsen, hatte den ersten Sex, machte meinen Führerschein, war mit Bands unterwegs und übte in meiner Freizeit fleißig Gitarre, um der tollste Gitarrist von der Welt zu werden. Alle coolen Rockmusiker hatten Locken, trugen Schulterpolster, Netzhemden und Raubkatzen-Fell-Imitat, dazu grellbunte Gymnastikhosen, Lederriemchen allüberall und weiße Baseball-Schuhe oder Cowboystiefel mit Mustern und Metallspitzen.

Hardrock wurde in den 80er Jahren, wenn man so sagen darf, salonfähig. Hardrock war plötzlich allgegenwärtig: auf Platte, im Radio, im Kino, im öffentlich-rechtlichen Fernsehen, in Videomusiksendungen und sogar in der Werbung. Und es wurde eine Kultplatte nach der anderen veröffentlicht, deren Hitsingles bis heute auf jeder Party zum Einsatz kommen und deren Songs noch in hundert Jahren zum Stammrepertoire jeder guten Coverband gehören werden. Ich schwöre!

Einige Heavy-Helden gaben Gastauftritte in der Popbranche. Michael Jackson lud sich für »Beat It« Eddie van Halen und später für »Dirty Diana« Slash von Guns N' Roses ins Studio ein.

Der Soundtrack zum '83er-Streifen »Footloose« ging ebenfalls in eine sehr schön rockige Richtung. Sammy Hagar und Mike Reno von Loverboy vertraten bei diesem Film röhrig die Heavy-Rock-Abteilung und lehrten den jungen Kevin Bacon den flotten Zappeltanzschritt.

Der »Summer of '84« war geprägt von einem Giga-Alltime-Sommerhit: »Jump« von Van Halen, der Single-Auskopplung des Albums »1984«. Dank Van Halens Frontmann David Lee Roth, der Aerobiclehrerin unter den Hardrock-Shoutern, waren Autotürenfenster damals eigentlich überflüssig, weil sie sowie dauernd runtergedreht waren. Ja, damals drehte man die Fenster noch selber runter.

1985 kam die spektakulärste Zusammenarbeit von Vinyl und Zelluloid seit »The Wizard Of Oz« in die Kinos. Für den Film »Highlander – es kann nur einen geben« mit Christopher Lambert (»Mein Name ist Connor MacLeod vom Clan der MacLeod, und ich bin unsterblich.«) schrieben Queen den Soundtrack – und damit auch gleich Soundtrack-Geschichte. Nie zuvor wurden eigenständige Rocksongs so dicht in den Ablauf eines Films eingewoben wie hier.

Meine Lieblingsszene im »Highlander« ist die, wo der Wüstling Kurgan (»Und ich nahm sein Weib, noch ehe sein Blut erkaltet war!«) mit der Liebsten des Silberblick-Franzosen im geklauten Auto durch die nächtlichen Straßen von New York gondelt, während Freddy Mercury dazu »Don't Loose Your Head« singt, in das er eine schräge Variante von Frank Sinatras »New York, New York« einfließen läßt. Spitzenmäßig geilomat!

»1987« – das waren das Jahr und der Name des Albums, mit dem sich David Coverdales Whitesnake nach einer Durststrecke des Haderns, der Streitigkeiten und Trennungen zurückmeldeten, und sie taten es mächtiger denn je. Auf dieser Scheibe gibt es keinen einzigen Song, der nicht das Zeug zu einer Musiklegende hätte. »Bad Boys«, »Still Of The Night«, »Is This Love« und natürlich die Neuauflagen von »Here I Go Again« und »Crying In The Rain«. Der Gitarrengott John Sykes, der auf dieser Scheibe den Zupfdarm schrubbte, hat die Gitarren nicht einfach nur eingespielt, nein! Er hat sie vielmehr eingebrannt, eingemeißelt und eingebraten.

Ich könnte mir vorstellen, daß die Frauen sich an dieser Stelle mal wieder ein wenig ausgeschlossen fühlen und denken:

»Wovon redet der? Ich verstehe kein Wort!«

Tja, Mädels, hättet ihr euch damals mal diese Platte selber geholt und euch ein bißchen mehr für guten Eighties-Gitarrenrock interessiert. Aber ihr wart ja ständig auf 'm Reiterhof oder beim Friseur. Da konnte das nix werden mit eurer Plattensammlung.

1985 entstand »Live Aid«, die von Bob Geldof initiierte, weltumspannende Musiker-Benefiz-Hilfsaktion für Afrika. Ein Jahr später griffen ein Bündel Heavy-Rocker diese Idee auf und unternahmen ihre eigene Hilfsaktion:

»On May 20 and 21, 1985, 40 artists from the metal community gathered at A&M Records Studios to participate in the making of a record called »Stars,« as a part of a very special project known as Hear 'n Aid.

The »Stars« single and a video documentary on the making of the record was used to raise money for famine relief efforts in Africa and around the world. These 40 artists, along with hundreds of other volunteers, donated their time and talent over four months to make Hear 'n Aid a reality. »Stars« is a plea for unity in the fight against world hunger.«

(aus den Linernotes des Plattencovers)

Für das Projekt »Hear 'n Aid« versammelten sich die angesagtesten Hardrock-Musiker zu einer Mega-Session unter der Leitung von Ronnie James Dio. Dio und seine Band spendierten der hilfsbereiten Truppe den Song »(We're) Stars«, und ein gutes Dutzend Sänger sowie ein noch viel besseres gutes Dutzend Gitarrengötter gaben sich ein musikalisches Stelldichein, daß es nur so krachte.

Und das alles für einen edlen Zweck, nämlich *»famine relief efforts in Africa«.* Ich weiß nicht, was das heißt, aber es klingt doch recht hilfsbereit, oder nicht? Das wird schon was richtig Gutes gewesen sein, das ist mal nicht die Frage. Das waren ja alles sehr holde Recken, die sich da geschafft haben. Und alle mit Locken. Mann, waren die klasse, die 80er.

Hilft das eigentlich noch was, wenn ich die Platte heute gebraucht auf eBay ersteigere? Nicht, oder?

    Oder doch?

    Mh.

    Ach, vergiß es, war nur so 'ne Frage.

Opa wurde nie nass

Viele Musikfans zeigen auch optisch, welche Musik sie mögen. Viele Queen-Fans tragen ehrfürchtig den Freddie-Mercury-Gedächtnis-Schnäuzer. Viele Kiss-Fans gehen geschminkt wie ihre Idole zu den Konzerten. Einer hat es mal überzogen: Der hat sich ein Kuhmuster ins Gesicht geschminkt und damit in die erste Reihe gestellt. Als der Anblick bei den Kiss-Musikern die Runde machte, konnten die sich vor Lachen nicht mehr halten und mußten den Song abbrechen.

Es gibt in Deutschland ein amtliches Erscheinungsbild für Heavy-Metal-Fans, eine Art Uniform. Logisch, der Schornsteinfeger kommt ja auch nicht in Strapsen. Na ja, so richtig logisch ist das nicht unbedingt. In anderen Ländern sieht man jungen Leuten ihre Fan-Zugehörigkeit nicht so eindeutig an.

Amerikanische Rockfans sehen aus wie stinknormale Collegeschüler, mit Polohemd und Seitenscheitel. Okay, das ist auch nicht viel besser. Kennt ihr den Film »Kiss Meets the Phantom of the Park« aus dem Jahr 1978? Scheußlich! Nicht der Film, sondern die Fans. Obwohl, doch, ja, der Film war auch ganz schön scheußlich. Aber die Fans waren am schlimmsten. Scheitel und Polohemden rocken nicht.

Da sind die »German beerdrinkers and hellraisers« doch aus einem ganz anderen Holz geschnitzt! Denen sieht man ihre Metal-Attitüde drei Meilen gegen den Wind an. Genau genommen sieht man sie nicht nur, man hört und riecht sie auch.

Ich persönlich hatte immer Schwierigkeiten damit, optisch »Metal« zu sein. Ich wollte nicht. Das Tragen der T-Shirts erschien mir auf dem Gymnasium etwas heikel. Ich wäre wahrscheinlich der Einzige mit Monster auf der Brust gewesen. Ich hatte Angst, die anderen Schüler würden mich schneiden und ausgrenzen, und das ist dem ständigen Bemühen während der Pubertät, dazuzugehören, nicht gerade dienlich. Abgesehen davon kosteten die Metal-Shirts schon immer richtig viel Geld. Ich meine *richtig viel Geld.* Gleiches galt auch für Jeanshosen: viel zu teuer. Und die ausrangierten Cordhosen meines Cousins waren nicht Metal-kompatibel.

Außerdem bin ich seit der ersten Klasse Brillenträger, und Brille ist auch nicht Metal. Brille ist Bastler, Stubenhocker und Bücherwurm. Erst später, in den 90ern, wurde Brille im Metal salonfähig. Der Gitarrist von Faith No More trug Brille. Aber nicht nur eine, sondern drei bis fünf gleichzeitig. Der hat's echt überzogen.

Lassen wir mal meine eigenen kleinen und unbedeutenden Sorgen außen vor und malen uns das Idealbild des Heavy-Metal-Fans aus: Zur Grundausstattung gehören neben der Langhaarfrisur (kurz »Matte«), der engen (Stretch-)Jeans oder Lederhose und den Turnschuhen das oben erwähnte Motiv-T-Shirt. Wichtig bei diesem T-Shirt: Es ist nur dann richtig amtlich, wenn es beidseitig bedruckt ist. Vorne der Bandname und das aktuelle Tour-Motiv, hinten die Tourdaten, gerne in Verbindung mit einem lockeren Spruch wie zum Beispiel »I did it« oder »I survived« oder »I heard about it«.

Darüber hinaus gibt es für den echten Metaller noch ein weiteres, absolut unverzichtbares Kleidungsstück: die Kutte. Die Kutte ist eine Jeansjacke mit appen (sorgsam entfernten) Ärmeln. Auf die Kutte kommen Aufnäher. Je mehr, desto kuttiger. Lücken lassen sich prima mit Buttons füllen. Buttons und Aufnäher bekommt man teuer beim professionellen Fan-Versand oder billig am Bahnhofskiosk.

Aber aufgemerkt: Billige Aufnäher sind nur bedruckt, nicht gestickt. Wer bedruckte Aufnäher trägt, ist eigentlich nur ein Poser, ein Wochenend- und Freizeit-Rocker, ein ganz billiges Versatzstück. So einer kauft sich bestimmt auch die CD-Box »50 Jahre Rock«, präsentiert von Thomas Gottschalk. Gute Aufnäher müssen gestickt sein, mindestens drei Millimeter dick. Das hält schön warm im Winter, und man wird in die IG Metal aufgenommen.

Auf der Kutte trägt der Fan Trophäen, die er im Laufe seiner Fankarriere ergattert hat: Sticker der besten Bands der Welt und Sticker der größten Festivals, wo gibt auf Erden.

Das Trophäensammeln hat der Heavy mit dem Wanderer und dem Cowboy gemeinsam. Der Wanderer sammelt kleine Metallplättchen auf seinem Wanderstab und am Gamsbart-Hütchen, und der Cowboy sammelt Kerben auf dem Griff seiner Knarre. Und sollte der Cowboy irgendwann das Zeitliche segnen – oder der Wanderer oder der Heavy – dann wird man seine Knarre finden oder seinen Wanderstab oder seine Kutte und sich seiner ruhmreichen Taten erinnern und seine Geschichten an den Lagerfeuern erzählen.

»Ja, so war er, unser Knülle! Fünfmal Wacken! Dreimal Eindhoven! Zweimal Rock am Ring! Obwohl das gilt nicht, Rock am Ring ist Popscheiße, da spielte auch Santana.«

»Ey, komm, nichts Schlechtes über Tote. Knülle war ein Guter.«

»Okay!«

Die Kutte hat viele gute Eigenschaften: Sie dient als Erkennungszeichen auf dem Weg zum Metal-Event. Kuttenträger grüßen sich untereinander, indem sie sich anbölken oder mit leeren Bierflaschen bewerfen. Das haben sie sich von den Bikern abgeschaut.

In den Brusttaschen der Kutte kann man Bierbecher verstauen, und wenn man oft genug Bier darin verstaut hat und das tüchtig verschüttet wurde, ist die Kutte mit den Jahren prima imprägniert und ein hervorragender Regenschutz bei Open-Air-Festivals, getreu dem Motto »Who the f*** is Goretex?«. Und wenn man hin und wieder in die Kutte kotzt, findet man sie auch im Dunkeln wieder – einfach immer der Nase nach. So ist der Metal: ein olfaktorisches Paradies.

Und wenn man die Kutte sorgsam aufbewahrt und hegt und pflegt, ist sie ein schönes Erinnerungsstück für die Enkel.

»Weißt du noch, der Opa?«

»Jau, der lief immer rum wie ein Penner.«

»Aber er wurde nie naß.«

Große Pause

Hier kommt noch mal eine kleine Zäsur. Ehe ich zum Endspurt des Buches ansetze, möchte ich kurz inne halten, mir eine Auszeit gönnen, abschalten, mal fünfe gerade sein lassen und verdammt noch mal die Seele baumeln lassen. Und DU kannst das auch. Komm', mach mit!

– Relax–relax–relax–relax–relax–don't do it –

Na, wie fühlt sich das an? Klasse, oder? Ich frage mich manchmal, was machen eigentlich diese großen, berühmten Rockstars in ihrer Freizeit, zu Hause, bei ihrer Familie. Wie sind die im Alltag?

Wie muß man sich das vorstellen, wenn zum Beispiel Alice »Grusel« Cooper zum Elternsprechtag geht, um sich bei Fräulein Rottenmeier über den Leistungsstand seiner Tochter Calico zu informieren? Vielleicht so:

Alice Cooper beim Elternsprechtag

Frl. R.: »Herr Cooper, ich muß Ihnen ganz ehrlich sagen, ich bin mit den Noten Ihrer Tochter gar nicht zufrieden.«
Alice C.: »I'm your nightmare!«
Frl. R.: »Das mag ja streckenweise angehen, Herr Cooper, aber das allgemeine Betragen Ihrer Tochter…«
Alice C.: »I'm your pain!«
Frl. R.: »Och, Herr Cooper, nu konzentrieren Sie sich doch mal 'n bißchen. Die schulischen Leistungen Ihrer Tochter Calico…«
Alice C.: »School's out forever!«
Frl. R.: »Also auf diesem Niveau müssen wir gar nicht weiter… MISTER COOPER! Würden Sie nun endlich bitte mal diese Schlange vom Schreibtisch nehmen!?«

Oder Ozzy Osbourne beim Kaffeetrinken mit seinen Schwiegereltern (geht zwar nicht, weil Sharons Vater, der frühere Black-Sabbath-Manager Don Arden, so geizig ist, daß er nicht mal den Muckefuck von gestern servieren lassen würde, aber wir nehmen ja nur mal an). Wie würde das ablaufen?

Ozzy bei den Schwiegereltern

Mutti: »Junge, nimmst du Milch im Kaffee?«
Ozzy: »Well, yeah a'right, ä-ä-ä- I-ä- I just, well, yeah, a'right, milk, yeah, cool, milk, ä-ä-ä- a'right.«
Vati: »Wie läuft's denn so auf der Arbeit, Junge? Erzähl doch mal!«
Ozzy: »Oh yeah, ä-ä-ä-ä fockin' great, yeah. Ä-ä-ä-I-I-I- I mean, it's focki'n cool playin' with these goys out there an' yeah ä-ä-ä...«
Mutti: »Was sagt er?«
Sharon: »Mama, frag mich nicht!«

Soviel zu Stotter-Ozzy, dem Stoiber unter den Metal-Mumien.

Andere Frage: Wie wird das später aussehen, wenn die »Satanic Slaughter«-Boys von Slayer ins Rentenalter kommen und zum nachmittäglichen Seniorentanztee gehen? Dann kommt die Kellnerin, das junge, hübsche Ding, und nimmt die Bestellung der Herren auf. Das klingt dann vielleicht so:

Slayer beim Tanztee

Kellnerin: »Was darf es sein für die Herren?«
Kerry King: »Ich hätte gerne einen Kaffee.«
Kellnerin: »Mit Milch und Zucker, der Herr?«
Kerry King: »Nein! SCHWARZ soll er sein.«
Kellnerin: »Sehr gerne. Und was darf ich Ihnen bringen, Herr Araya?«

Tom Araya: »Bringen Sie mir doch bitte ein Weizenbier, junge Frau.«
Kellnerin: »Dunkel oder hell?«
Tom Araya: »Was für eine Frage? HELL natürlich!«

Und was ich mich auch immer wieder frage: Diese vielen sehr kleinen Sänger (Klaus Meine von den Scorpions, Eric Adams von Manowar oder Ronnie James von Dio), die sich bei Fotosessions mit der Band ganz offensichtlich auf ein Kniebänkchen stellen müssen – machen die das im Privaten genauso, bei Familienfotos, daß die sich auf ein Höckerchen stellen oder daß die anderen alle ein bißchen in die Knie gehen müssen? Wir werden es wohl nie erfahren.

Soviel dazu. Ende der Durchsage.

Haue mit dem Kochlöffel

Von den unzähligen Mannen, die sich das Gitarrespielen draufschaffen, gelingt es nur den Allerwenigsten, ihre Musik am Markt zu plazieren und damit Geld zu verdienen. Für alle anderen bleibt es ein unerfüllter Traum. Und so fängt man spätestens dann, wenn der Ernst des Lebens vor der Tür steht und die Bank um Kontendeckung bittet, an, anderweitig Geld zu verdienen. Zum Beispiel damit, sein Wissen um die Kunst des Gitarrespielens weiterzugeben – man verdingt sich als Gitarrenlehrer.

Auch ich mußte irgendwann ran. Fünfzehn Jahre lang gab ich Gitarrenunterricht, dann hatte ich die Faxen dicke. Wer noch nie stundenlang einem Schüler ohne Taktgefühl beim Üben zuhören mußte, der weiß nicht, was Schmerzen sind. Gitarrenunterricht – hell on earth!

Gitarrenunterricht ist ein Paradoxon. Gitarre ist ein Selbstlern-Instrument. Ach, was sage ich da, es ist *das* Selbstlern-Instrument schlechthin. Gitarrespielen bringt man sich entweder selber bei oder läßt es bleiben. Peter Bursch hat das erkannt und seinen Profit daraus geschlagen. Pfiffiges Kerlchen!

Kinder, denen das Selbst-Lern-Gen zur Gitarre fehlt, kommen auch mit Unterricht nicht wirklich weit. Sie haben es einfach nicht drauf. Unterricht kann dem nicht entgegen wirken, er bringt lediglich das Unvermögen ans Tageslicht. Dann stehst du da, mit dem Rücken an der Wand, und merkst: »Ich hab's nicht drauf, ich muß richtig was dafür tun.« Und dann ist das Gejammer groß, denn dann heißt es: Üben, üben, üben! Und das ist genau das, worauf kein Kind Bock hat, zumal die Lernmoral in den letzten Jahren ganz schön den Bach runtergegangen ist.

Damals, als *ich* Akkordeon gelernt habe, damals, im letzten Jahrhundert, vor der Währung, zwischen den Kriegen – wir hatten ja nichts, nur dieses scheiß Akkordeon! –, da mußte man noch richtig üben. Gott, was haben wir geübt! Das Üben wurde von den Eltern kritisch kontrolliert (»Mach doch mal lauter, laß doch die Tür auf, wir wollen auch was hören!«) und vom Lehrer abgehört und abgesegnet, wenn es gut war. Bei Mängeln gab es Notizen ins Lehrbuch, die von den Eltern gegengezeichnet werden mußten. Und dann gab es Haue mit dem Kochlöffel, Stubenarrest und sonntags kein »Flipper«.

An den Eltern von heute prallt es komplett ab, wenn man sie auf die Lernschwächen ihrer Kinder hinweist. Sagt jetzt nicht »Das stimmt nicht!«, es stimmt nämlich wohl, und zwar habe ich es im rauhen Lehreralltag selbst erlebt. Die stehen vor dir, halten sich die Ohren zu und rufen: »Ich hör' nichts! Ich hör' gar nichts! Ich kann Sie gar nicht verstehen! Lala lala Lahlah!«.

Aber Eltern von heute sind sowieso eine Marke für sich. (Jetzt komme ich zwar schon wieder vom Thema ab, aber da müssen wir durch.) Kennt ihr diese »Wir-sind-eine-glückliche-Familie«-Autoaufkleber? »Lara on tour«? »Malte on tour«? Was soll der Mist? Das ist gelogen, die sind nicht auf Tour. Meine Botschaft an alle Laras und Malt... (Was ist eigentlich die Mehrzahl von Malte? – »Malteser!« – »Danke!«) Meine Botschaft an alle Laras und Malteser: IHR SEID NICHT AUF TOUR! Wer bis zum Abendessen wieder zu Hause ist, der ist nicht auf Tour. Wenn Bon Jovi drei Jahre auf Weltreise gehen, *das* ist eine Tour. Wenn der Papa mit den Kleinen im Golf Bon Jovi nach Ikea fährt, das ist keine Tour – das ist eine TorTour!

So, jetzt bin ich wieder mal schön vom Thema abgeschweift. Mein altes Aufsatzproblem – Thema verfehlt, abgeschweift. Oder heißt es »abgeschwiffen«? Finde das bitte mal jemand raus, ich kann mich hier nicht um alles kümmern.

Wie war noch mal der Titel des Kapitels? Haue mit dem Kochlöffel? Ach ja, Gitarrenunterricht. Trotz der Vielzahl lernfauler Blagen gab es doch auch den einen oder anderen Lichtblick in meinem Unterricht: frühreife, sehr gut gebaute Schülerinnen. Aber die meine ich jetzt gar nicht.

Ich rede von Einzelschülern mit echter Begabung. Die machten Spaß, die machten Laune, denen konnte ich nach zwei Jahren Einzelunterricht nichts mehr beibringen.

Das hätte ich denen aber so nicht sagen dürfen, sonst hätten die Eltern gekündigt, und das hätte den Betreiber der Musikschule, für die ich tätig war, arg verärgert. Also ersann ich heimtückische Fantasieübungen, überflüssige Wiederholungen und spannende Arrangement-Projekte am Computer, um diese hochbegabten Talente irgendwie bei Laune zu halten und weiter an die Schule zu binden.

Besonders gerne erinnere ich mich an Andreas aus Mülheim an der Ruhr. Andreas war ein echter Sonnenschein, ein Hüne mit breitem Kreuz, langer, blonder Metal-Mähne und stets einem Lächeln im Gesicht. Andreas war nach drei Jahren Gruppenunterricht und zwei Jahren Einzelhaft ein extrem authentischer Metal-Mann geworden. Die wichtigen Dinge der Metal-Gitarre brachte er sich parallel zum Unterricht selber bei. Für unnötige Zähl- und Fingerübungen kam er zu mir.

Wir lernten in dieser Zeit viel voneinander. Ich gab ihm Übungen auf, die ihn nicht interessierten, die er aber trotzdem brav übte, weil er ein sehr anständiger Schüler war. Zur Belohnung durfte er mit der sehr gut gebauten Schülerin Eis essen gehen.

Im Gegenzug erklärte er mir den Unterschied zwischen Black Metal und Death-Metal, den ich bis heute nicht verstanden habe. So schön, schön war die Zeit.

Knochenarbeit im ewigen Eis

Der Job des Gitarrenlehrers war nur einer von vielen Jobs, die ich im Laufe der Jahre ausübte, um mich finanziell über Wasser zu halten. Ich hatte keine konkrete Vorstellung, was ich später mal werden wollen würde. Sicherlich träumte ich davon, ein berühmter Musiker zu werden, aber insgeheim schien mir dieser Traum damals schon sehr unwahrscheinlich. Trotzdem steckte ich viel Energie, Zeit und letztendlich auch Geld in das Hobby Musik. Und jeder Job diente mir in erster Linie dazu, mein Gitarrenequipment zu finanzieren.

Mein erster Schülerjob, mit dem ich mir einen Gitarrenverstärker finanzieren wollte, war auf dem Bau, Altbau-Renovierung. Ich war fünfzehn, es war in den Osterferien, und ich fuhr jeden Morgen mit dem Fahrrad von Essen-Kray nach Essen-Werden (wer die Strecke nicht kennt: sie dauert gute fünfzig Minuten und ist landschaftlich ausgesprochen reizvoll). Meine Arbeit bestand darin, Eimer voller Sand und Wasser für den Maurer in die dritte Etage zu schleppen. Der saß derweil auf einer Kiste Bier, tat weiter nichts, als dieses Bier zu trinken, und rief mir nach jedem zweiten Gang zu: »Junge, mach mal Pause!« Doch Pausen wollte und konnte ich mir nicht erlauben, denn ich wollte schließlich Geld verdienen.

So wie der Typ, der in dem Altbau für das Abbeizen der Holzeinrichtung zuständig war. Abbeize ist ein sauätzendes Zeug, das man nur mit Schutzkleidung verarbeiten sollte. Dieser Typ gab nichts auf Schutzkleidung. Die kleisterartige Beize tropfte ihm auf Hände und Arme und biß sich dort fest. Da er diesen Job regelmäßig und auch schwarz nach Feierabend machte, waren seine Fingergelenke komplett von der Beize zerfressen. Seine Finger sahen aus wie die von Eddie, dem Maskottchen von Iron Maiden. Kein schöner Anblick.

Beim nächsten Job durfte ich in dem Supermarkt, in dem meine Mutter beschäftigt war, bei der Inventur helfen. Meine Aufgabe:

gefrorene Hühner und Hasen zählen. Ich nahm die Eistiere einzeln aus der Kühltruhe, eins nach dem anderen, eine Verkäuferin machte jedesmal einen entsprechenden Vermerk, und ehe die Biester an meinen Händen festfroren, legte ich das Frostgut wieder in die Truhe hinein. Nach drei Stunden waren meine Hände taub.

Mein offizielles Berufsziel war, wenn mich einer fragte, »irgendwas mit Musik«. Das klingt ziemlich unkonkret, und genauso unkonkret sagte ich das auch dem Mann vom Arbeitsamt. Den Termin dort hatte meine Mutter eingefädelt. Auf diesem Weg kam ich an den Ausbildungsplatz zum Musikalienhändler.

Musikalienhändler klang spannend. Ich stellte mir vor, immer die neuesten Gitarren und Verstärker antesten zu müssen, um dem interessierten Kunden eine qualitativ hochwertige Beratung liefern zu können. Weit gefehlt! Das Grundsortiment des Musikhauses, in dem ich lernte, umfaßte allen erdenklichen Kleinkram für Schulkinder, von der Blockflöte über Triangeln bis zum Glockenspiel, sowie billige Einsteigerinstrumente, die allesamt schlechter waren als das, was ich selber zu Hause rumstehen hatte. Wie sollte ich diesen minderwertigen Krempel glaubhaft verkaufen können, ohne mein Gewissen zu verraten? Das ging nicht, das konnte ich nicht. Ich geriet in einen Gewissenskonflikt. Folgerichtig hieß es alle naselang:

»Moses! Sie müssen noch sehr viel lernen!«

Was sollte ich noch lernen? Daß es legitim ist, Menschen zu bescheißen, um an ihr Geld ranzukommen? Daß es von der IHK abgesegnet ist, wenn ich dem Kunden nicht das verkaufe, was er wirklich braucht, sondern das, was weg muß? Warum muß ich, wenn ich den Wehrdienst verweigere, eine Gewissensprüfung ablegen, in der mein Moralverständnis in die Mangel genommen wird, während ich im Einzelhandel dazu genötigt werde, unmoralisch zu handeln?

Ich machte eine dreijährige Ausbildung zum Einzelhandelskaufmann und blieb noch weitere drei Jahre im Amt. In der Berufsschule war ich umgeben von Real- und Hauptschulabgängern, die direkt von der Schule in die Ausbildung gingen und noch die typische Anti-Lehrer-Rebellionshaltung an den Tag legten. Die Idioten begriffen nicht, daß hier das echte Leben begann und Rebellion fehl am Platze war. Jede zweite schriftliche Arbeit wurde vertagt, weil einige Schüler sagten, sie hätten keine Zeit gehabt, sich vorzubereiten. Die großen Pausen verbrachte ich damit, alleine das Schulgebäude zu umrunden, weil ich keinen Bock auf diese Panneköppe hatte.

Manchmal beobachtete ich in der Pause die Schüler der anderen Berufsgruppen. Lustig waren die Radio- und Rundfunktechniker. Die bauten sich in ihrer Freizeit fette Musikanlagen in ihre Autos, die natürlich in der Schule vorgeführt werden mußten. Einer hatte seine Anlage so dermaßen überdimensioniert, daß bei einer Vorführung vor den Mitschülern bei geschlossenen Fenstern und voll aufgedrehter Anlage die Heckscheibe rausflog. Ein anderer hörte so lange und laut in den großen Pausen Musik in seinem Auto, daß nach Schulschluß der Wagen nicht mehr ansprang, weil die Batterie leer war.

Nach sechs Jahren Blockflöten- und Glockenspielverkauf wurde mir endlich klar, daß ich das nicht länger machen wollte, zumal die Musikalienbranche langsam den Bach runter ging. Ich begann ein Alibistudium, um BAföG zu beziehen, und machte zusätzlich wieder Nebenjobs: Ich arbeitete als Dekorateur, als Aushilfe im Kopierladen und nach wie vor als Musiklehrer.

Bis zu jenem Zeitpunkt wollte meine Musikerkarriere noch keine wirklich nennenswerten Erfolge aufweisen. Projekte hier, Coverbands da, aber alles nichts Halbes und nichts Ganzes und alles irgendwie pillepalle. Doch man sollte nie »nie« sagen, sondern immer »Heute ist nicht alle Tage, ich komm' wieder, keine Frage!«.

Und ich kam wieder, denn ich bekam den Job des Aushilfsgitarristen bei The Fair Sex, einer Essener Band mit Achtungserfolgen in der Gothic- und Undergroundszene. TFS waren zu Plattenaufnahmen im Studio, und ihr Gitarrist ließ sie hängen.

Der Bassist kannte mich vom Sehen, rief mich im Musikladen an, und ich sagte ihm noch für denselben Abend zu, mit meinem Gitarren-Equipment nach Düsseldorf ins Studio zu kommen. YEAH! Ein Studiojob!

Alle Bands, mit denen ich zuvor gespielt hatte, waren reine Amateur- und Hobbybands, bei denen es immer an irgend etwas krankte, was der Professionalität im Weg stand. Kein Auto, kein Proberaum, keine Auftritte, keine Visionen. Ich weigere mich immer noch standhaft anzunehmen, es hätte an mangelndem Talent gelegen, aber unter Umständen spielte das da doch ein bißchen mit rein.

Ich persönlich habe mich nie als wirklich ernstzunehmenden Musiker im Sinne von »Künstler« begriffen. Ich war ein Handwerker, ein Zulieferer, ein Mitarbeiter, aber niemals derjenige, der sagte, wo es langgeht. Ich war kein Charismatiker, kein Vordenker, kein Spielmacher. Ich war kein Entertainer.

Deshalb war ich immer nur in solchen Bands, wo gerade ein Platz frei wurde, und unter denen war leider keine Heavy-Band. Die hätte ich selber gründen müssen, denn Essen hatte nie eine lebendige Heavy-Szene. Ich hätte sagen müssen, wo es langgeht, und das war nicht mein Ding. Und ich hätte Power, Wut und Aggression in meiner Musik ausleben wollen, und das war leider nicht gegeben. Ich hatte keine Wut. Da war nichts. Ich spielte Ska, Reggae, Rock-Pop und Coversongs. Auch eigene Songs, aber immer nur mit Musikern, die keinen Metal machen wollten.

Bei TFS gab es zwei Köpfe, die wußten, was sie wollten: den Sänger Myk Jung und den Bassisten »Rassi« Rascal Hüppe. Leider gingen ihre Interessen im Laufe der Karriere immer weiter auseinander. Darunter krankte die Produktion der Platte, zu der sie mich anheuerten.

Es gab ein Nebenprojekt von TFS, zu dem ich ebenfalls ins Boot geholt wurde: Testify war ein Industrial-Metal-Projekt, angeregt durch die Scheibe »Psalm 69« von Ministry, einem brachialen Klangwerk aus schnellen Computerbeats, verstörenden

Sound-Samples und heftigen Metal-Gitarren. Nachdem die TFSler Ministry einmal live gesehen hatten, sagten sie sich: »Das können wir auch!«

Testify hatten einige Veröffentlichungen, insbesondere in Amerika, deren Verkaufszahlen aber nie die Produktionskosten einbringen konnten; vom Verdienst der Band ganz zu schweigen. Dazu kam, daß ich mich noch immer nicht als seriösen Musiker begreifen konnte. Ich machte meinen Job, aber ich stand nicht wirklich dahinter. Während die anderen auf der Bühne in Kämpferoutfit und Kriegsbemalung den Grim Reaper mimten, war ich stets versucht, blöde Gesten zu machen oder was Beklopptes ins Mikrophon zu sagen.

So kam ich irgendwann auf die Idee, auf der Bühne zu reden und den Leuten was zu erzählen, was lustig ist und sie unterhält. Ich begann mit den Arbeiten zu meinem ersten Comedy-Programm.

Als ich mit meinen Songparodien und lustigen Geschichten die ersten Comedy-Bühnen bespielte, war die Resonanz des Publikums durchaus positiv und ermutigte mich dazu, weiterzumachen. Was aber noch viel schöner war: Ich bekam dafür Geld! Geld, das ich mit niemandem teilen mußte, Geld das *meins* war und als »Einkommen« bezeichnet werden konnte.

Endlich fing das an, was mir mit der Musik nicht geglückt war: Ich begann meinen Lebensunterhalt auf der Bühne zu verdienen. Ich verabschiedete mich von den Testify-Männern und dem Traum von der Musikkarriere.

Kein Heavy, kein Metal, keine Groupies. Keine Roadies, die meine vier Marshall-Verstärkertürme von Stadt zu Stadt bringen. Keine Frauen, die alles dafür tun würden, daß ich sie auf die Gästeliste unserer Konzerte setzen lasse. Keine Pressekonferenzen, in denen ich der interessierten Fachwelt begeistert von unserem neuen Album berichte. Keine Fans, die alle Texte meiner Songs beim Konzert mitsingen und sich dabei mit mir identifizieren. So ist der Metal: Irgendwann stellt er dich vor die Wahl. Ob du willst oder nicht...

Was aus den anderen Testify-Leuten geworden ist? Myk Jung schreibt Bücher, liest, macht Gastauftritte bei anderen Projekten und versucht weiterhin, seine eigene Musik zu veröffentlichen. Und er beginnt endlich damit, seiner Neigung zum Witz nachzukommen. Nachdem er jahrelang sein finsteres Gothic-Image vor sich hertrug, läßt er im Alter auch mal die heitere Seite seines Wesens zu Wort kommen, und das ist gut so. Ich liebe seinen Humor und wünsche ihm viel Erfolg. Check him out on www.mykjung.de.

Rascal Hüppe bekam irgendwann einen Job im Büro der Pop-Komm (das waren die mit der Musikmesse). Als da nichts mehr zu ernten war, nachdem die PopKomm von Köln nach Berlin gezogen ist, übernahm er den Job des Geschäftsführer in einem Freizeitpark im Sauerland. Ist es Blasphemie, wenn ich sage, daß die besten Tage dieser Band vorbei sind?

Ich glaube nicht.

Testify live – links Myk Jung, rechts Moses W.

Lemmy und die Schmöker

Dieses Kapitel trug ursprünglich den Titel »Dreck«, in Anlehnung an »Dirt«, die zügellose Bandbiographie von Mötley Crüe. Aber »Dreck« war mir dann doch zu negativ, deshalb habe ich das Kapitel unter großem Hallo umgetauft in »Lemmy und die Schmöker«. Schöne Feier dazu, gab Wein und Bier, das rat' ich dir.

»Lemmy und die Schmöker« war in den 70er Jahren neben »Rappelkiste« und dem »Kli-Kla-Klawitterbus« eine meiner liebsten Kindersendungen. Lemmy war eine sprechende Wollsocke mit Brille auf der Nase, die neue Kinderbücher vorgestellt hat. Und um Bücher soll es auch in diesem Kapitel gehen.

Was macht eine Band, die früher mal ein Thema war und irgendwann morgens wach wird und plötzlich merkt: »Mensch, wir sind kein Thema mehr!«? Sie versucht sich mit Gewalt wieder ins Gespräch zu bringen. Also quasi genau das, was auch jeder Schlagersänger und Ehemals-Spitzensportler tun würde.

Wenn man sich als Band wieder ins Gespräch bringen will, gibt es verschiedene Möglichkeiten, das zu tun, zum Beispiel eine neue Platte aufzunehmen. Aber dafür müßte die Band ins Studio gehen und Songs schreiben und die einspielen und ... och nö, keinen Bock, Wetter ist so schön. Haben wir nicht noch irgendwas im Archiv? Unveröffentlichtes Material, B-Ware, Live-Aufnahmen, irgend so was in der Art? Hat nicht einer der Herren Musiker mal ein Nebenprojekt gestartet, von dem noch ein paar Demotapes rumfliegen? Oder in einem Film mitgespielt, den man auf DVD veröffentlichen könnte? Was, ihr habt noch keinen Film gedreht!? Dann aber mal flott, das haben doch sogar schon die Beatles gemacht.

Oder wie wäre es mit Merchandising? Mal wieder ein neues Band-T-Shirt auf den Markt bringen oder eine Kaffeetasse oder Mousepad oder Spielpüppchen oder die größten Hits als Klingelton-Download? Oder mal irgendeinen chinesischen Betrüger dafür verklagen, daß er billige Plagiate und Raubkopien auf den

Markt schmeißt. Das bringt zwar keine Presse, aber vielleicht bißchen Geld aufs Konto, und das wäre ja auch nicht verkehrt.

Auch sehr gerne genommen: Ein Anruf bei der Klatschpresse mit dem Angebot, denen eine unglaubliche Story über die Sex-Eskapaden des selten dämlichen Ex-Sängers in Aussicht zu stellen. Natürlich nur gegen Bares, dass das klar ist, denn nur Bares ist Wahres.

Auch sehr beliebt: ein Buch schreiben. Oder schreiben lassen, wenn man selbst nicht schreiben kann. Genau, super Idee, wir machen eine Band-Biographie! (Oder gleich mehrere, wie Gene Simmons, der Chef von Kiss. Oder Dieter Bohlen, der Ex-Chef von Thomas Anders.)

Eine der knalligsten Bandbiographien der letzten Zeit war »Dirt« von Mötley Crüe, der 80er-Sleaze & Poser-Band von Ex-Pamela-Popper Tommy Lee. »Dirt« ist ordinär, vulgär und sexistisch und soll bald verfilmt werden. Und dreimal dürft ihr raten, wer bezüglich der Filmrechte angefragt hat? Gene Simmons, Bassist und Vermarktungsexperte bei Kiss. Leider hat er den Zuschlag nicht erhalten. Aber Gene Simmons könnte ja auch eine seiner eigenen Band-Biographien verfilmen. Oder eine von Dieter Bohlen.

In »Dirt« erzählen vier verkokste und verfickte Altrocker ihre Geschichten, die ein Autor zerlegt und neu zusammengesetzt hat. Diese Geschichten sind so unfaßbar, daß ich mich beim Lesen gefragt habe, ob das alles wahr sein kann. Allerdings nur bis zu einem bestimmten Punkt. Ab da war es mir dann total egal, ob wahr oder falsch, denn es ist einfach nur schräg und schrill und ein echter Höllentrip, und ich habe das Buch begeistert zu Ende gelesen und dann gleich noch mal und bin seither ein bißchen verdorbener als vorher. Ich freue mich auf die Verfilmung und hätte gerne eine der Hauptrollen.

»Dirt« ist dreckig, siffig, ziemlich derb und ziemlich amerikanisch. In »Dirt« werden die Frauen so behandelt, wie der Rock 'n' Roll es sich immer gewünscht hat: als niedere Sexobjekte. Unmöglich. Spitze! In »Dirt« berichten die Rocker von Mötley Crüe, wie sie ihre Band unter härtestem Schweiß-, Blut- und Sex-Einsatz nach oben gebracht haben. Ich frage mich allerdings, wie die Jungens bei dem ganzen Pimpern und Prügeln auch nur einen einzigen Song oder einen Auftritt zuwege bringen konnten.

Ich habe mich früher nie für Mötley Crüe interessiert, aber nachdem ich »Dirt« gelesen habe, mußte ich mir gleich mal eine Best-of-Scheibe holen. Und was soll ich sagen? Das Zeug klingt keinen Deut besser oder schlechter als das all der anderen Bands jener Tage, Ratt, Quiet Riot und wie sie alle hießen. Von denen hört man aber nichts mehr. Nur Mötley Crüe sind immer noch ein Thema. Und warum? Weil Mötley Crüe immer etwas mehr auf den Putz gehauen haben als andere Bands. Richtig so.

»Dirt« gibt es auch als Hörbuch, gelesen von Ralf Richter, und das finde ich astrein. Das paßt wie Faust aufs Auge. Bäng Boom Bäng. Hör mal, wer da hämmert.

Mir fallen da noch einige andere mögliche Band-Biographien mit dazu passenden Sprechern ein. Wie wäre es zum Beispiel hiermit:
– »Lauter als erlaubt«, die Biographie von Motörhead; gelesen von Rolf Zacher.

Oder die hier:
– »Fleisch ist kein Gemüse«, die Biographie von Meat Loaf; gelesen von Dirk Bach.

Und natürlich der hier:
– »Kuschelrock«, die Biographie der Scorpions; gelesen von Peter Bursch. – Ach nee, laß mal gut sein.

Die meisten Veröffentlichungen dieser Art, also Bücher, Best-of-Platten, DVD-Dokus, Fotobände und wie sie alle heißen, sind ein untrügliches Zeichen dafür, daß die Band nie wieder aktiv wird. Die sind verbraucht, die sind durch, da geht nichts mehr. Das ist ein gefundenes Fressen für alle Cover- und Tribute-Bands dieser Ex-Rockgrößen. Wenn das Original nicht mehr zu sehen ist, gehen wir halt zu den Imitatoren.

Aber das muß nicht immer so sein. Manchmal geschieht es, daß eine Band, die schon als vermißt gemeldet war, von Managern und Plattenbossen reanimiert wird oder, noch besser, sich selbst reanimiert. Daher, liebe Rockfans, gebt gut acht und bedenket stets: Manchmal kommen sie wieder …

Comeback auf dem Flugzeugtrager

1996 – in diesem Jahr begann für mich eine neue Zeitrechnung, denn in diesem Jahr geschah das, womit ich mein Lebtag nicht gerechnet hätte: die Wiedervereinigung von Kiss!

Kiss waren mein Einstieg in den Rock. Kiss, die Schock-Rock-Comic-Helden mit dem Welthit »I Was Made For Loving You«. Das war zwar eine Disconummer mit Glitzerkugel und Plateaustiefeln, aber hey: Der größte Hit von Gitarrengott Eddie van Halen, das Stück »Jump«, war eine Keyboardnummer. Das wollen wir mal nicht vergessen. Als Gitarrengott einen Keyboardhit landen, das ist schon richtig erbärmlich. Dann doch lieber Disco.

Sicherlich gab es Zeichen, die mehr als deutlich auf die bevorstehende Kiss-Reunion hinwiesen: Einige Zeit zuvor gab die Band für MTV ein Unplugged-Konzert in New York mit der damals aktuellen Besetzung: Altgründer und Feuerspucker Gene Simmons an Baß und Gesang, Paul »Starchild« Stanley an Gitarre und Gesang, Eric Singer an den Drums und Bruce Kulick an der Gitarre.

Gegen Ende des TV-Gigs kamen plötzlich die zwei Originalmitglieder Ace Frehley und Peter Criss aus den Kulissen gestiefelt. Ich konnte es gar nicht glauben. Ich sah die Sendung bei einem Freund und brach fast zusammen. Mir ging das Herz auf Grundeis! Pete und Ace ließen sich von den Fans feiern, setzten sich zu den anderen und spielten mit, einfach so, als wäre nichts gewesen. Und das nach fünfzehn Jahren Trennung. Und es ging noch, sie hatten nichts verlernt!

Zum MTV Grammy Award 1996 sollte dann das Geheimnis gelüftet werden: Die vier Original-Kisser Gene, Paul, Peter und Ace traten in vollem Ornat, mit Masken und Kostümen und ohne ein Wort zu sagen vor die laufenden Kameras. Der Rapper 2pac (zu deutsch »Zupacken«), der die Show moderierte, stammelte:

*»We need something different, we need something new.
We need to shock the people, so let's shock the people.
These are my homeboys – Kiss!«*

Das daraufhin losbrechende Getöse der Zuschauer war unbeschreiblich. Egal, wie man zu dieser Band stand, allen war klar, daß da eine Legende wieder zum Leben erweckt war, wieder auferstanden, back from the ashes.

Am 16. April 1996 wurde dann von einem Flugzeugträger aus eine Pressekonferenz in achtundfünfzig Nationen ausgestrahlt, die der Welt die freudige Botschaft der Kiss-Reunion-Tour übermitteln sollte. Der Late-Night-Showmaster Conan O'Brien begann die Übertragung mit den Worten:

*»When they asked me to introduce Kiss,
I asked just two questions:
What time and what aircraft carrier?«*

Gerade so, als wäre es das Normalste von der Welt, mal eben von einem Flugzeugträger aus eine Pressekonferenz abzuhalten. Die spinnen, die Amis!

Und dann begann die Reunion-Welttournee. Und diesmal war ich dabei! Im Jahr 1980, als Kiss nach Deutschland kamen (damals war gerade »I Was Made For Loving You« in den Charts), war ich noch zu jung, ich durfte nicht hingehen. Diesmal war ich alt aber leider nicht wohlhabend genug. Der »Summer of '96« war für mich ein Sommer der Pleite. Ebbe im Schatzkisterl. Ich brachte einmal die Woche ausrangierte CDs zum Secondhand-Laden. Ich war blank, ich hatte nichts.

Nein, das stimmt nicht ganz. Ich hatte seit einem Jahr endlich wieder eine Freundin, und eben diese Freundin hatte ein Herz für Kiss-Fans, und sie ermöglichte mir den Konzertbesuch. Und nicht nur das! Sie kaufte sich ebenfalls eine Karte und hörte sich meine Kiss-Platten an...

(Achtung, Mein Korrekturprogramm schlägt wieder Alarm. Es sagt, »Kiss-Platten« sei falsch, es heiße »Kies-Platten«! Ich könnte kotzen...)

...hörte sich also meine Kiss-Platten an, um sich die wichtigsten Songtexte draufzuschaffen und begleitete mich zum Konzert. Ist das Liebe, oder was? Eine Frau, die mich zum Konzert gehen läßt und sogar begleitet? Ich schwor mir, diese Frau laß ich nicht mehr gehen!

Am 21. September '96 fuhren wir gemeinsam nach Dortmund zur Westfalenhalle. Dahin, wo 1983, also dreizehn Jahre vorher, meine Rockfan-Odyssee begonnen hatte. Diesmal machten wir alles richtig: Ich trug ein cooles schwarzes Motiv-T-Shirt, meine Freundin hatte ebenfalls etwas Freches in Schwarz am Körper. Und sie kannte alle Texte. Mann, war ich scharf auf diese Frau!

Im Vorprogramm von Kiss spielten die Ärzte, aber das machte nichts. Sie waren tough, und das beeindruckte mich. Obwohl der Großteil des Publikums keinen Bock auf die Ärzte hatte, zogen sie ihr Set durch. Der Sänger »Fahr' in Urlaub« (ein saublöder Künstlername) ließ sich nicht beirren:

»Wir dürfen hier spielen, unser Name steht auf der Eintrittskarte.«

Richtig so, Farin, zeig es ihnen.

Irgendwann war die Ärzteschwemme vorbei und eine gähnend lange Umbaupause begann. Die selbstgebrannte Pausenmusik-CD vom Tonmann lief mindestens dreimal komplett durch. Langsam wurde ich ungeduldig. Als ein Roadie dann noch anfing, auf den Hebebühnen Staub zu saugen, hatte ich die Schnauze voll. »Was soll der Spießerkram? Mach fertig!« rief ich. Das hat aber niemand gehört. Die »Hintergrundmusik« spielte so dermaßen vordergründig, dagegen kam ich nicht an.

Aber dann irgendwann ging es doch endlich los: Licht aus, Spot an, Intro startet, fünf, vier, drei, zwei, eins, Atempause, und dann die geilste Ansage der Welt (Achtung, Déjà-vu-Erlebnis!):

YOU WANTED THE BEST, YOU GOT THE BEST! THE HOTTEST BAND IN THE WORLD: KISS

An die nun folgenden Stunden erinnere ich mich nur noch schemenhaft. Aber soviel bekomme ich noch zusammen: All meine Jugendträume wurden war. Endlich sah ich, was ich mir schon immer in meiner Phantasie ausgemalt hatte. Wem Sentimentalität zuwider ist, der sollte jetzt besser schon mal das nächste Kapitel aufschlagen. Hier wird es jetzt richtig rührselig.

Kiss staksten auf dreißig Zentimeter hohen Plateaustiefeln, aufgedonnert wie vier »drag queens from outer space«, kreuz und quer über die gigantische Showbühne und spielten ihre größten Hits: »God Of Thunder«, »Rock 'n' Roll All Nite«, »Love Gun«, »Shock Me« und wie sie alle heißen. Und natürlich »I Was Made For Loving You«. Gene spuckte Feuer, Ace schoß mit seiner Gitarre Scheinwerfer kaputt und ließ die Gitarre anschließend fliegen. Gene spuckte Blut, Paul zertrümmerte seine Gitarre, und alle zusammen gingen sie auf Hebebühnen in die Luft.

Paul rief »So let's call out ... ?«, und wir Fans erwiderten natürlich: »Doctor Love!« Ist doch logisch, schließlich heißt der Song ja auch »Calling Doctor Love«. Und wenn Paul die zweideutige Geschichte rund um den Song »Love Gun« vorträgt, in der es darum geht, daß er zum Routine-Check – er ist ja auch nicht mehr der Jüngste – beim Arzt ist und die Schwester ihn fragt, was er denn da in seiner sehr, sehr engen Jeans bei sich trage, dann antwortet er burschikos: »Oh, honey, this ain't no pistol, this is my ... ?« und weil wir seine immer gleichen Ansagen von unzähligen Liveaufnahmen auswendig kennen und mitbeten können, ruft die ganze Fangemeinde im Chor: »Love Gun!« und weil's so schön war, gleich noch mal:

Paul: »Oh, honey, this ain't no pistol, this is my…?«
Wir : »Love Gun!«
Paul: »Oh, honey, this ain't no pistol, this is my…?«
Wir : »Love Gun!«
Paul: »LOVE GUN!«

Das Ganze ist mittlerweile über zehn Jahre her. Kinder, wie die Zeit vergeht! Aber der Kiss-Reunion-Rummel hält bis heute an. Nach der (ersten) Reunion-Tour kam die Reunion-Platte (bei der die Hälfte der Band gar nicht mitgespielt hat) sowie die Tour zur Reunion-Platte. Der besondere Gag dieser zweiten Tour: Die Band spielte in 3D. Dafür bekam man am Eingang eine extra 3D-Brille. Weil ich als Brillenträger schon früher im Kino ein Problem mit diesen doofen 3D-Pappbrillen hatte, ging ich nicht hin. Soll auch gar nicht so gut gewesen sein.

Die Altmitglieder Peter Criss und Ace Frehley sind irgendwann wieder ausgestiegen, weil sie das hektische Tourleben doch nicht mehr so gut vertrugen. Außerdem war ihnen die magere Angestellten-Gage, mit der sie ihrer Meinung nach abgespeist wurden, auf Dauer zu wenig. Ihre Ersatzspieler Tommy Thayer (Gitarre) und Eric Singer (Drums) treten seitdem in den gleichen Kostümen und gleicher Maskerade auf. Das ist optisch und akustisch Jacke wie Hose, das nimmt sich nichts. Einziger Unterschied: Sie spielen besser. Der Einkauf hat sich also gelohnt.

2002 spielten Kiss mit dem Melbourne Symphony Orchestra ein »Rock Goes Classic«-Konzert. Das wurde natürlich aufgezeichnet und als Doppel-CD und Doppel-DVD verkauft. Im »Making-of« darf man einer Besprechung der Bandchefs Gene Simmons und Paul Stanley mit dem Orchesterleiter beiwohnen. Eben dieser fragt in Zusammenhang mit einer schwierigen Musikpassage: »Wie soll das Orchester an dieser Stelle spielen?« Darauf Gene Simmons, der Mann, der alle Abläufe im Kopf hat: »Spielt laut! An der Stellen gehen Raketen hoch!«

1996 brachte der Comiczeichner und Figurenhersteller Todd McFarlane Kiss-Actionfiguren auf den Markt. Ich war geplättet! Voll bewegliche, fünfzehn Zentimeter große Spielfiguren mit richtigen Haaren und komischen Science-Fiction-Instrumenten. Die wollte ich mir natürlich kaufen, konnte aber nicht, weil ich ja gerade im Sommer der Pleite steckte. Und wieder war es besagte Zauberfrau, die dafür sorgte, daß ich zum Geburtstag von all meinen Freunden den kompletten Kiss-Figurensatz bekam. Mir fehlten die Worte. Sie bastelte mir sogar eine kleine Modell-Bühne für die Puppen.

Dieser erste Figurensatz war der Startschuß einer Sammlung, die inzwischen über fünfunddreißig Figuren umfaßt. Wenn ich die Püppchen von Ozzy Osbourne, Alice Cooper, Iron Maiden und Metallica mitzähle, sind es sogar an die fünfzig Stück. Da habe ich ein schönes, kleines Rock-Museum, da habe ich was Eigenes.

»Kommen Sie und besuchen Sie mein kleines Rock-Museum.«
»Was soll das kosten?«
»Es kostet Sie Ihre Seele.«
»Das ist aber günstig. Ein Schnäppchen!«
»Könnte man sagen. Hihi!«

Und was ist aus der Frau von damals geworden? Sie ist immer noch bei mir, duldet alle meine Sammelkrankheiten und kennt immer noch alle Texte! Call me Doctor Love. Der Nächste, bitte.

Groupies, bis die Nudel glüht

Jeder, der anfängt, Musik zu machen, träumt von der Riesenkarriere. Er wünscht sich nichts sehnlicher als einen Jahrhundert-Hit nach dem anderen, ausverkaufte Hallen ohne Ende sowie Groupies, bis die Nudel glüht.

Für diesen Traum tut der Hobbymusiker alles, er legt sich so richtig ins Zeug. Er läßt sich die Haare wachsen, kauft sich ein Instrument, er stimmt es regelmäßig, er geht zweimal die Woche zur Bandprobe und tut drei Euro in die Kaffeekasse, mit der man regelmäßig Bier kaufen geht.

Man sagt zwar »Er *geht* zur Probe«, aber eigentlich geht er nicht, sondern er fährt mit Bus und Bahn, und das ist mit einem E-Gitarrenkoffer im Berufsverkehr echt riskant, weil man ständig Gefahr läuft, Passanten mit dem Riesenkoffer anzustoßen, und dann hängt gleich Dresche in der Luft. Oder noch schlimmer: Sie wollen wissen, was in dem Koffer ist. Man sagt ihnen, in dem Koffer sei eine Schlange, und wird schon wieder verdroschen. So oder so, es bleibt ungemütlich.

Die Alternative: Man läßt sich von dem Bandmitglied, das schon ein eigenes Auto hat, abholen. Das geht dem Bandmitglied mit dem eigenen Auto irgendwann ziemlich auf den Zeiger. Ab da ist es eine Frage der Zeit, bis die Band sich auflöst.

Vielleicht bleibt sie aber auch am Ball, weil sie erste kleine Achtungserfolge verzeichnet. Dann geht man ins Studio, nimmt auf eigene Kosten Demos auf, kopiert Cassetten oder CDs und verschickt diese blind an Plattenfirmen, deren Adressen man von den Rückseiten seiner Lieblingsplatten abschreiben kann.

Plattenfirmen haben für diese Art von Post ein eigenes Postfach eingerichtet: den Kohlenkeller. In dem landet die K.o.C.e. (= Kassette oder CD) unserer ambitionierten Jungband. Ab da ist es eine Frage der Zeit, bis die Band sich auflöst.

Vielleicht passiert aber auch das Unwahrscheinliche: Ein wichtiger Mensch stolpert im Kohlenkeller über jene KoCe, hört sie sich an und macht erst mal Pause, fährt dann in Urlaub, schreibt ein Buch, dreht einen Film und hört sich anschließend die KoCe noch ein zweites Mal an.

Nun denkt er: »Der Sänger sieht kacke aus, der Bassist hat kein Timing, das Schlagzeug kann man programmieren. Aber der Gitarrist ist in Ordnung. Ich ruf die Jungs mal an und sag ihnen, sie sind auf einem guten Weg.«

Daraufhin sucht er auf der Hülle der KoCe eine Kontaktadresse. Die gibt es aber nicht, weil die Musiker vergessen haben, sie draufzuschreiben. Wozu auch, er kann doch ins Telephonbuch schauen. Das war's ... »See you later, alligator.«

Ab da ist es eine Frage der Zeit, bis die Band sich auflöst.

Vielleicht hat aber die Mutter des Sängers geistesgegenwärtig ihre Visitenkarte in die Hülle gelegt, und der wichtige Mensch ruft die Mutter an. Die ist ab sofort Managerin der Band und arrangiert ein Treffen mit dem wichtigen Menschen und der Band. Bei diesem Treffen werden ein paar grundlegende Richtlinien für die Zukunft abgesteckt: Der Bassist geht ab sofort zum Unterricht, der Sänger geht zum Friseur, und der Drummer geht nach Hause.

Um den ersten Eindruck, den der wichtige Mensch gewonnen hat, zu vertiefen, will er die Band live sehen. Dazu machen sie einen sogenannten »Showcase«. Das bedeutet nichts anderes als: Die Band hat einen Auftritt! Ab da ist es eine Frage der Zeit, bis die Band sich auflöst.

Für den Auftritt kommen drei Spielstätten in Frage: das katholische Jugendheim (CDU), das Freizeitzentrum der Falken (SPD) oder das Jugendzentrum unter autonomer Selbstverwaltung (unparteiisch). Wer im katholischen Jugendheim spielt, muß Meßdiener oder Pfadfinder sein; wer im Falkenheim spielt, muß Raucher oder Trinker sein; wer bei den Autonomen spielt, muß Punk sein oder obdachlos oder in den anderen Häusern Hausverbot haben. Ab da ist es eine Frage der Zeit, bis die Band sich auflöst.

Nach gutem Zureden der Managerin geht die Band in die Offensive: Der Sänger wird Pfadfinder, der Bassist wird Punker, und der Gitarrist fängt an zu saufen. Damit kann die Band in jedem der drei Häuser auftreten. Drei Gigs hintereinander, das ist eine Tournee! Das motiviert!

Nun beginnt die Werbemaschinerie: Es werden Plakate gedruckt, Flyer kopiert, Fotos gemacht und an die Presse verschickt. Bei den wichtigen Kulturseiten der Tageszeitungen bleiben die Presse-Infos einigermaßen unberücksichtigt. Sie werden nicht gedruckt.

Die Plakate werden aufgehängt, sehen klasse aus und sind nach drei Stunden von Profi-Plakatierern überklebt. Schade um das Geld.

Bleibt noch die Mundpropaganda. Das ist eh die wirkungsvollste Art der Werbung, da sind sich alle Bandmitglieder einig. Freunde und Bekannte werden angerufen mit der Bitte, zu kommen und alle Freunde und Bekannte mitzubringen und sie zu bitten, alle Freunde und Bekannte mitzubringen und sie zu bitten, alle Freunde und Bekannte ...

Vom letzten Ersparten mietet die Band eine Gesangsanlage. Der erste Auftritt kann kommen. Er kommt auch unweigerlich. Wer nicht kommt, sind die Freunde und Bekannten sowie deren Freunde und Bekannte und deren Freunde und Bekannte ...

Der Auftritt findet trotz Flyer-Verteilung und eines Radiospots beim offenen Kanal vor nur fünf Menschen statt: dem wichtigen Menschen, der Managerin-Mutter, dem Jugendheimleiter, dem Hausmeister und der Freundin des Sängers.

Es will so recht keine Stimmung aufkommen. Den Publikumsmitsingteil im fünften Song »Peace For The World« läßt der Sänger ebenso unter den Tisch fallen wie das Stagediving bei »Rock If You Wanna Roll«, einem Song im Arena-Rock-Stil.

Was gut ankommt, das ist die Ballade kurz vor Ende der Show. Da ist der Hausmeister aber schon wieder in seinem Büro, und die Freundin wird unruhig. Ab da ist es eine Frage der Zeit, bis die Band sich auflöst.

Die beiden anderen Auftritte laufen ähnlich enttäuschend ab. Im katholischen Jugendheim herrscht striktes Alkoholverbot, was die Stimmung der Band senkt. Im autonomen Jugendzentrum herrscht zwar Alkoholzwang, aber dafür wird die Gesangsanlage beschädigt, und die Band muß für den Schaden aufkommen. Die Stimmung der Band ist im Keller. Der wichtige Mensch ist vor der letzten Zugabe gegangen und meldet sich nicht mehr. Auf Nachfrage bei der Plattenfirma erfährt die Ehemals-Managerin-jetzt-wieder-Mutter, daß der junge Mann nur ein Praktikant war.

Es kommt, wie es kommen mußte: Die Band trennt sich laut Pressemitteilung (die wieder nicht von der Presse gedruckt wird) wegen »musikalischer Differenzen« von ihrem Keyboarder. Der hat – laut Pressetext –

»die Band in ihrer Entwicklung aufgehalten. Man trennte sich freundschaftlich und so weiter...«

Mal ehrlich, wer will das jetzt noch wissen?

So langsam ist uns die Karriere dieser Band ein bißchen egal geworden, oder? Die Jahre gehen dahin, irgendwann löst die Band sich auf, und keiner hat's gesehen. Und dann? Wie geht es weiter?

Vielleicht so: Die restlichen Musiker gründen die Coverband In Rock. In Rock spielen laut Info

»die großen Rock-Klassiker von AC/DC bis ZZ Top sowie Hits aus dem N.W.O.B.H.M.-Bereich. In ROCK setzen sich damit von anderen Coverbands, die nur 08/15-Mucke spielen, angenehm ab.«

Richtig, sie setzen sich ab, und zwar insofern, als daß sie keiner bucht, weil sich keiner für die Hits aus dem N.W.O.B.H.M.-Bereich interessiert, zumal die meisten nicht einmal wissen, was N.W.O.B.H.M. bedeutet.

Ich könnte das hier jetzt aufklären. Für die Karriere von In Rock kommt diese Information zwar zu spät. Aber bitte:

N.W.O.B.H.M. steht für »New Wave of British Heavy Metal«. Dazu gehörten Bands wie Iron Maiden, Saxon und Judas Priest. Diese Musik ist nur bedingt partytauglich. Keine dieser Bands hatte je einen Song auf einem Bravo-Party-Hit-Sampler.

Andere mögliche Variante der weiteren Geschichte: Einer der Herren, die mittlerweile alle Frau und Kinder haben, macht eine Musikkneipe auf und erzählt allen dort spielenden Bands nach dem Soundcheck, daß er früher auch mal in einer Band blabla... und an der Wand hängt mein alter Baß blabla... Bestes Publikum der Kneipe sind die alten Musikerkollegen vom Wirt. Nach jedem dritten Song rufen sie:

»Spielt mal was von Uh zwei!«

Oder: Weil keiner ihre Musik veröffentlichen will, gründen die Herren einen eigenen Musikverlag. Das geht nicht lange gut, man zerstreitet sich. Einer der Herren übernimmt den Musikverlag und spezialisiert sich auf Schlager.

Oder: Einer der Musiker geht zur Zeitung und wird Musikkritiker. Er wird als Jurymitglied zu Bandwettbewerben eingeladen. Dort kann er sich endlich für die unzähligen Absagen der Vergangenheit rächen.

Oder: Einer der Herren gründet eine Musikschule. Eines Tages kommt ein junger Mann zum Gitarrenunterricht. Der erzählt ihm, er habe eine eigene Band, die hätte im Studio ein Demo aufgenommen und suche jetzt Auftrittsmöglichkeiten. Der Musiker gibt ihm die Telephonnummer des Musikverlags sowie die Adresse der Musikkneipe. Ab da ist es eine Frage der Zeit, bis die Band sich auflöst.

Thank you for the music

Am Ende einer guten Rockshow sollte man all denen danken, die zum Gelingen dieser Show beigetragen haben. Das ist Ehrensache, das gehört sich so. Anderenfalls droht am letzten Tag der Tour die Rache der Roadcrew.

Vielen lieben Menschen habe ich mit diesem Rockbuch (hoffentlich) ein kleines Denkmal gesetzt. Ehe das Buch zu Ende geht, möchte ich aber noch ein paar Menschen erwähnen, die an meiner Charakterbildung und meinem Verständnis für Musik ganz maßgeblich beteiligt waren und bislang nicht zur Sprache kamen.

Da wären zunächst einige unerwähnte Gitarrenhelden, die es unbedingt wert sind, genannt zu werden. Also ab dafür!

Platz 3: Steve Vai

Dieser dürre Spargeltarzan zeigte mir und dem Rest der Welt auf der ersten Soloscheibe von Ausnahme-Screamer David Lee Roth, seines Zeichens Eddie van Halens Ex-Frau und größter Fischeintänzer Kaliforniens, wie eine nicht nachvollziehbare Gitarre zu klingen hat. Steve Vai kann, das ist kein Witz, seine E-Gitarre klingen lassen wie Pferdewiehern oder Schweinequieken. Wozu das gut ist? Fragen Sie Steve Vai.

»Steve, why?«

Steve Vai hat auch schon mal in einem Kinofilm mitgewirkt. In »Crossroads« spielte er in einem Gitarrenduell den Gitarristen des Teufels, also quasi sich selber. Falls einer den Film auf DVD hat: Mach mir doch bitte mal 'ne Kopie davon. Danke!

Platz 2: Gary Moore

Gary Moore, der Mann, den man seit einigen Jahren nur noch den Blues jammern hört. Ich erwähnte in der Episode »Soldiers under command« kurz seine Single »Out In The Fields«, aber ich glaube, das reicht nicht. »Kurz erwähnen« wird diesem vernarbten Iren und Gitarrengott nicht gerecht.

Gary Moore hat bis 1989 einen ganz fantastischen Power-Heavy-es-zieht-dir-die-Schuhe-aus-Rock gemacht. Im Jahr 1989 erschien nämlich sein letztes reguläres Rockalbum »After The War«. Und in den Jahren davor erschienen jede Menge anderer astzarter Rockscheiben von Gary. Hört euch bitte mal seine gigantische Live-Doppel-Scheibe »We Want Moore« an. Drums: Ian Paice. Baß: egal. Gitarre & Gesang: Gary himself. Hört es euch einfach an und laßt die Musik für sich sprechen. Oder wie Paul Stanley beim Kiss-unplugged-Konzert sagte, als ihm klar wurde, daß seine anzüglichen Ansagen im Rahmen einer TV-Aufzeichnung eventuell unangebracht wären: »Tonight we'll let the music do most of the talking.«

Platz 1: Rick Nielsen

»Hääähhh? Wer isn dette?« wird nun der eine und auch andere Leser denken. Und die Leser-Innen sowieso, die sind jetzt komplett durch den Wind. Stimmt's oder stimmt's? Gebt's zu, ich habe Recht. Ha! Ich kann Gedanken lesen. Magie! Ich bin ein Zauberer! Quatsch mit Soße, ich arbeite auch nur mit Tricks, aber nur mit den ganz, ganz billigen. Billige Tricks kann man downloaden unter billige-tricks.de oder auf englisch unter cheaptrick.com.

Zurück zu Rick. Habt ihr's immer noch nicht raus? Also: Rick Nielsen war (und ist immer noch) Gitarrist und Hauptsongschreiber von Cheap Trick.

»Hääähhh? Wassn dette?« wird jetzt manch ein Leser denken. Dann aber wird's ihm langsam dämmern: »Wart mal... Cheap Trick, da war doch was? Die hatten einen Hit in den 70ern, eine Live-Nummer, die heute noch auf jedem 80er-Hit-Mix drauf ist. Lief damals auf jeder Stufenfete rauf und runter. Wie hieß die Nummer noch?«

Wenn ich dem irritierten Hirn auf die Sprünge helfen darf, der Song hieß »I Want You To Want Me«. Dieser Song war nur der Gipfel eines Eisberges von gnadenlos guten Popsongs.

Rick Nielsen ist einer der wenigen Gitarristen, die es verstehen, wirklich gute Songs zu schreiben, ohne sich dabei als Angeber-Instrumentalist in den Vordergrund zu komponieren. Und er ist ein äußerst witziger Entertainer. Rick Nielsen trug bereits eine Schirmmütze, als die noch gar nicht erfunden war, dazu einen übergroßen Strickpullover mit einer eingewebten Karikatur seiner selbst darauf, und hängte sich – je nach Lust, Laune und Lied – zwei bis fünf Gitarren um den Hals. Irgendwann hat er sich der Einfachheit halber eine E-Gitarre mit fünf Hälsen bauen lassen.

Und noch was: In dem Cheap-Trick-Stück »Surrender«, einem extrem geilen Rock-Pop-Song, kommen sogar Kiss drin vor. Hammer, oder?

Hier die Textpassage:
Surrender (Ausschnitt)

Whatever happened to all these seasons
Losers of the year
Every time I got to thinking
Where'd they disappear

Then I woke up, Mom and Dad
Are rolling on the couch
Rolling numbers, rock and rolling
Got my Kiss records out!

Eigentlich sollte diese Zeile die letzte des Kapitels sein, einfach, weil sie so schön ist. Das geht aber nicht, denn in diesem Kapitel will ich »Danke schön!« sagen, und es fehlt noch eine Person, der ich unbedingt »Danke schön!« sagen muß. Wenn ich denjenigen vergesse, leide ich für den Rest meines Lebens darunter, bekomme Geschwüre und Pusteln und muß in die Therapie. Und wer da schon mal war ... du liebe Güte!

Also: Der letzte Mensch in meiner Auflistung wundersamer Einflüsse auf mein Musikempfinden war kein Geringerer als mein gymnasialer Musik- und Akkordeonlehrer, Herr Tirier. Diesen Namen muß ich ausschreiben, denn das hat er verdient.

Herr Tirier leitete den Schulchor des Gymnasiums an der Wolfskuhle. Ich habe erst Jahre später erfahren, daß die Schule auf einer ehemaligen Müllhalde erbaut wurde. Hatte diese Tatsache irgendeine Auswirkung auf die Ausbildungsqualität dieser Einrichtung? Ein Schelm, wer Übles denkt ...

Eines Tages suchte Herr Tirier einen Akkordeonschüler zwecks harmonischer Unterstützung für seinen Chor, und ich war, wie man so schön sagt, »zur richtigen Zeit am richtigen Ort«. Ich, der ich – warum auch immer – dachte, Akkordeonspielen wäre was für mich, zeigte auf und bekam den Zuschlag. Das war nicht sehr schwer, denn ich war der Einzige, der sich meldete. Als ich meinen Eltern mittags die frohe Botschaft überbrachte, war eine Krisensitzung fällig.

»Wie stellst du dir das überhaupt vor, wo sollen wir denn auf die schnelle ein Akkordeon herbekommen?«

Typisch Eltern! Gefangen im Netz der Unrealisierbarkeiten. Aber dann kam Captain Makepossible vorbeigesaust, machte *WOOSCH!* und *KAZONG!!!*, und wums-dich war das Problem gelöst. Wie sich herausstellte, hatten Bekannte meiner Eltern eine sogenannte »Quetschkommode« zu Hause rumstehen und waren bereit, mir das Viech leihweise zur Verfügung zu stellen. Na siehste, geht doch.

Bei Herrn Tirier lernte ich Taktgefühl, Übungsdisziplin und »Tochter Zion« als erstes Vortragsstück für ein Elternkonzert. Mein erster Auftritt! Es war ein ganz winziges Konzert, aufgeführt im Unterrichtsraum. Anwesend waren vier oder fünf Schüler und deren Eltern, aber für mich war es ein Alptraum. Ich schwitzte Rotz und Wasser und starb während meines Vortrags tausend Heldentode.

Aber Heldentod hin, Taktgefühl her: Es gab eine Sache im Musikunterricht von Herrn Tirier, die mich bis heute nicht losgelassen hat, und das war seine Art, unerwartete Fragen zu stellen. So manches Mal, wenn ich am Nachmittag, erschöpft von Sportunterricht und Hausaufgaben, zum Unterricht erschien, fragte er mich mit strengem Blick und ernster Miene:

»Onanierst du viel? Viel onanieren macht müde.«

Zur Erinnerung: Ich komme aus einem katholischen Elternhaus. Entsprechend hielt ich Sex und das Reden darüber und überhaupt alles für ein übles Sakrileg. Abgesehen davon wußte ich überhaupt nicht, wovon der Mann redete, denn ich war noch Jahre entfernt von meinem ersten feuchten Traum. Und dann diese Frage! Vor allem dieses »viel«. Es reichte ihm nicht zu erfahren, ob ich onaniere, nein, er wollte wissen, ob ich *viel* onaniere, denn nur vom *vielen* Onanieren wird man müde.

Aber ach, das ist alles schon sehr lange her. Der Schock ist vorbei und ausgestanden. Heute bin ich erwachsen, habe das alles verarbeitet und stehe über den Dingen. Heute weiß ich, Herr Tirier hatte Recht: Vom vielen Onanieren wird man müde.*

---

* Gar nicht wahr. (A. d. V.)

Das letzte Wort

»Vielen Dank für Ihr Verständnis!« – Diesen Satz, meinen Lieblingssatz auf deutschen Autobahnschildern, rufe ich all jenen zu, die dieses Buch bis zu dieser Stelle hier, welche den Schluß verkörpert, verfolgt haben. Vielen Dank für Ihr und euer Verständnis!

Was war das? Eine Geschichte? Nein, nicht so richtig. Es fing an als Geschichte, dann wurden es einzelne Geschichten, dann wurde die große Geschichte wieder aufgriffen, dann Kraut-und-Rüben alles durcheinander. Egal. Nimm es, wie es ist.

Das waren sie, meine Erinnerungen. Haben sie gerockt? Habe ich Ahnung vom Rocken? Ich sollte meine polemische Eingangsaussage vielleicht ein wenig relativieren. Wenn einer sagt: »Das rockt!«, dann wird da wohl was dran sein. Soll doch jeder selber bestimmen, was für ihn rockt. Er soll mich nur nicht dazu zwingen, ihm zuzustimmen.

Ich habe aufgehört, mich für neue Bands zu interessieren, als neue Bands angefangen haben, Hardrock und Metal mit anderen Sounds und Stilen zu kombinieren. »Crossover« hieß das anfangs; »New Metal« (geschrieben »NuMetal«) heißt es heute. Vielleicht heißt es in ein paar Jahren »Fahrstuhlmusik«.

Im NuMetal werden Hardrock und Heavy-Metal vermischt mit HipHop, Loops, Samples oder Rap. Ich finde, das gehört sich nicht. Einen alten Baum verpflanzt man nicht, und Rock und Rap, das mischt man nicht.

Crossover ist nicht mein Ding, dafür hänge ich zu sehr an den traditionellen Formen der Hard & Heavy-Musik. Ich mag Gesang, bei dem ich mitsingen kann, und ich mag Gitarren, wenn sie melodisch sind. Ich mag es, wenn sich die Songs auf einer Platte hörbar voneinander unterscheiden.

Oh, Moment, das hätte ich nicht sagen sollen. Jetzt höre ich den Rezensenten schreien: »Und was ist mit AC/DC?«

Ja, wie, was soll mit AC/DC sein? Ob die wohl rocken? Ob die es wohl drauf haben? Meine erste Single von AC/DC war »Touch

Too Much«, und ich will mal sagen, der Song hatte Melodie und alles und war eine supergeile Powerballade, und jetzt kommst du! »Touch Too Much« sticht bis heute bei jeder Runde Powerballaden-Quartett.

Neulich beim Powerballaden-Quartett

Der Erste:
»Ich setze ›Child In Time‹ von Deep Purple.«

Der Zweite:
»Nicht schlecht, aber ich habe ›Bed Of Roses‹ von Bon Jovi.«

Der Dritte:
»Oh! Bon-Jovi-Alarm! Ich setze ›Carrie‹ von Europe.«

Die anderen im Chor: »RAUSSSSS!«

Der Vierte:
»Alles klar, jetzt komme ich: ›Touch Too Much‹ von AC/DC.«

Die anderen im Chor und auf Knien:
»Dein Stich.«

Vielleicht bin ich ja auch ignorant oder intolerant. Vielleicht bin ich ein langweiliger Purist oder einfach nur zu alt, um immer noch für alles Neue offen zu sein. Obwohl, nee, das ist es auch nicht. Die Wahrheit ist wohl eher diese hier: Ich bin stinkneidisch, daß diese jungen, kleinen Rotzlöffel es geschafft haben, ihre Musik in die Charts zu bringen und ich nicht. Sehen wir es doch mal so, wie es ist, und nennen wir das Kind beim Namen: Ich stecke in der Midlife-Crisis. Vielleicht sollte ich mir mal die Haare färben und mehr joggen gehen.

Im Leben eines jeden Menschen gibt es eine ganz bestimmte Phase, in der er seine Musik entdeckt und sie zu einem Teil seines Lebens macht, und das ist die Zeit des Erwachsenwerdens, die Zeit, in der einem der Headliner des nächsten Open-Air-Festivals wichtiger ist als das Ergebnis der nächsten Mathe-Klausur. Es ist die Zeit zwischen dem letzten Schülerausweis und dem ersten Lohnsteuerbescheid.

Leider gilt das nur für Jungen, die zu Männern werden. Mädchen, die zu Frauen werden, sind da anders gestrickt. In deren Leben spielt Musik selten die erste Geige. Dafür haben sie in der Regel den besseren Zeugnisdurchschnitt. Frauen ist die Musik ihrer Pubertät irgendwann ziemlich schnuppe, bisweilen sogar regelrecht peinlich.

Aber Frauen sind ja schon als Mädchen keine loyalen Fans. Die wechseln ihre Lieblingsband wöchentlich, mit dem Erscheinen eines neuen *Bravo*-Posters. Und kommt die Pferdephase, ist sowieso alles vorbei.

Wir Männer sind da anders. Wir nehmen unsere Musik tief in unsere Herzen auf, und dort wird sie eingepflanzt auf ewig. Und die Jahre gehen ins Land, und es kommt die Zeit, da gibt es von unserer Lieblingsband keine Neuveröffentlichungen mehr, weil die Hälfte der Musiker bereits tot ist. Hin und wieder erscheint noch ein bißchen unveröffentlichtes Material, aber Vorsicht! Es gibt Gründe, warum dieses Material vorher nicht veröffentlicht wurde!

Was uns bleibt ist die Erinnerung an die frühen Tage – die erste Freundin, der erste Kiffversuch, die erste Polizeikontrolle. Partys in den Kellern der anderen, Party im eigenen Keller. Die Standpauke unserer Eltern am Morgen nach der Party und die Konsequenz: nie wieder Party im eigenen Keller.

Uns bleibt das Treffen mit Kollegen, um die Live-Übertragung der WDR-Rockpalast-Nacht zu sehen oder RockPop in Konzert mit Ozzy Osbourne und Iron Maiden, live im ZDF (Ja, so etwas Schönes gab es auch mal im deutschen Fernsehen). Was bleibt den Frauen? Die erste Reitpeitsche und ein guter Abi-Durchschnitt.

Neulich habe ich Whitesnake auf ihrer Jubiläumstour gesehen. Astschocke!

Einziges noch vorhandenes Originalmitglied: David Coverdale. Das reicht. Wir waren alle da: mindestens viertausend Männer im besten Alter. Michael S. war nicht dabei, der lebt heute in der Schweiz. Aber da kommen Whitesnake bestimmt auch mal hin.

So, jetzt lege ich noch mal die '83er »Live ... In The Heart Of The City« auf und bewundere David Coverdale für seine Stimme, seine Lockenpracht, seinen drahtigen Körper und seine schmalen Hüften. Und wieder geht mir die Frage durch den Kopf: Wann stelle ich mich endlich meinen homoerotischen Neigungen?

Literaturverzeichnis

Fargo Rock City (Chuck Klosterman 2001)

Heavy Metal Guitar (P. Bursch/Voggenreiter Verlag 1988)

Heavy Metal Thunder (N. Aldis & J. Sherry 2006)

Hell Bent For Leather (Seb Hunter 2004)

Helnwein (Nicolai 1984)

How to Play Air Guitar (West & Gladdis 2002)

HR Giger Arh+ (H.R. Giger 1991)

Lemmy: White Line Fever (2002)

Mötley Crüe: The Dirt (Mars/Neil/Lee/Six with Neil Strauss 2002)

Rock Covers (Michael Ochs 2001)

Rock Hard MANIA (Holger Stratmann/Rock Hard 2004)

Scorpions: Der lange Weg zum Rock-Olymp (R.M. Schröder/E. Klüsener 1992)

Spot aus! Licht an! (Ilja Richter 1999)

Filmverzeichnis

ACCEPT: Metal Blast from the Past (Breeze music 2002)

HEAVY METAL auf dem Lande (A. Geiger 2006)

Legends of Heavy Metal & Rock (ICESTORM Entertainment 2005)

METAL – A Headbanger's Journey (Sam Dunn 2005)

OZZY OSBOURNE Live at Budokan (Sony Music 2002)

ROCKTHOLOGY (cmv Laservision 2003)

This is SPINAL TAP (Universal 1984)

Über den Autor

Moses W. ist seit seinem zwölften Lebensjahr Hardrock-Fan. Er absolvierte eine Ausbildung zum Musikalienhändler, ohne dieser Branche lange treu zu bleiben, und begann ein Studium zum Kommunikationswissenschaftler, das er erfolgreich abbrach. Heute macht er Stand-up- und Musik-Comedy, schrieb bereits mehrere Soloprogramme und war u. a. zu Gast bei NightWash, Starsearch und im Quatsch Comedy Club.

Im Jahr 2002 spielte er im Rahmen von Rock am Ring und Rock im Park als Comedian im »House of Comedy« (zeitgleich mit Ozzy Osbourne auf der Mainstage).

Moses W. ist Gitarrist bei *Burger Queen*. Nähere Infos dazu gibt es im Netz unter www.burgerqueenband.de.

Ein zentrales Thema in den Programmen von Moses W. ist die Liebe zur Musik und speziell zum Hard'n'Heavy-Rock. Moses W. ist Deutschlands erster Komiker, der dieses Thema auf die Comedy-Bühnen bringt.

Info: www.Moses-W.de

Laabs Kowalski
Yeah Yeah Yeah – 50 Jahre Pop & Rock
ISBN 978-3-936819-24-3

Völlig subjektiv und böse nimmt Laabs Kowalski die komplette Pophistorie aufs Korn, läßt kein gutes Haar an den Beatles und nörgelt an den Rolling Stones, den Doors, Black Sabbath und auch allen anderen Größen des Musikgeschäfts herum – und zwar witzig und immer von einer tiefen Liebe zur Musik beseelt.

»Das böseste Büchlein unter der Sonne! Herzallerliebste Betthupferl zum Vorlesen, Totärgern und Schlapplachen. Mehr Fun und Schrecken für so wenig Mäuse kriegt man nirgendwo.«
Matthias Penzel in ROCKS (Musikmagazin)